Il faut sauver
le droit du travail !

Pascal Lokiec

Il faut sauver le droit du travail !

Odile Jacob

Collection Corpus
dirigée par
Thomas Clay et Sophie Robin-Olivier

15, rue Soufflot, 75005 Paris

www.odilejacob.fr

ISBN : 978-2-7381-3222-2

Avant-propos

La collection à laquelle appartient ce livre est née d'un constat : en France, en dépit d'une judiciarisation croissante de la société, le droit n'a toujours pas trouvé sa place dans le débat public. La demande de droit est aussi forte que le questionnement du droit est faible. Pouvoir reconnu à la loi d'un côté, ignorance du droit, de la manière dont il se forme, des forces qui le nourrissent, de l'autre. Ce n'est un paradoxe qu'en apparence : notre rapport au droit est le fruit d'une conception réductrice du rôle qu'il remplit dans notre pays, conception que d'autres grandes démocraties ne partagent pas et qui s'en portent mieux.

Le droit est trop souvent perçu comme une discipline technique, aride, réservée à une catégorie d'experts, magistrats, avocats ou universitaires. La responsabilité de ce constat sévère revient en grande partie aux juristes eux-mêmes : souvent confinés dans leurs cercles, usant d'une langue qu'ils sont les seuls à comprendre, toisant parfois de haut les choses de la cité, ils se sont laissé déposséder de l'analyse des questions juridiques dans le champ social. D'autres intellectuels s'en saisissent, qui, pour n'être pas juristes, n'ont pas les mêmes préventions à s'emparer du débat public, voire à s'aventurer dans un domaine qui leur est étranger. À l'heure où l'influence du droit sur l'ensemble des rapports sociaux se fait de plus en plus prégnante et où la société se judiciarise, cette défection des juristes interpelle.

D'autant que, derrière les questions de droit, ce sont des enjeux de société qui sont en cause. On ne voit pas assez – sans doute parce qu'on ne le montre pas assez – que les choix juridiques sont politiques, au sens le plus noble. Ces choix de société doivent être décryptés au prisme du droit qui les façonne. Que l'on recodifie le droit des contrats, que l'on invente un nouveau préjudice « écologique », que le Conseil constitutionnel change son interprétation d'une disposition de notre Constitution, que le Conseil d'État modifie la portée d'une liberté fondamentale, que la Cour de cassation définisse la laïcité, que l'Union européenne pose une nouvelle catégorie de citoyens, que les notions juridiques d'étranger, de salarié ou d'entreprise soient réformées, chaque fois ce ne sont pas des changements anecdotiques mais des décisions essentielles, dont les fondements et les enjeux doivent être démystifiés, car ils touchent directement le plus grand nombre.

Il nous faut décoder la norme juridique pour interpréter la geste politique et pour comprendre l'incidence sociale des évolutions du droit, non seulement quand elles se produisent, mais aussi quand elles sont empêchées. Les juristes doivent tisser le lien entre le fait politique et sa traduction juridique, et inversement.

À une conception du droit, comme savoir technique accessible aux seuls experts capables d'inventer des solutions indiscutables, nous souhaitons opposer l'idée du droit pour ce qu'il est le plus souvent : une source inépuisable de débats et le fruit de nos choix de citoyens, français et européens, une arme avec laquelle on agit, une méthode par laquelle on raisonne, une langue dans laquelle on pense, d'une manière riche et singulière.

Les ouvrages publiés dans la collection Corpus[1] sont ceux des professeurs de droit associés dans le cabinet Corpus Consultants, tous agrégés de droit, et tous impliqués dans le débat citoyen. Créé en 2011 par Robert Badinter, ce cabinet d'un genre nouveau a été conçu par son éminent fondateur, incarnation vivante du droit et de la justice, pour répondre à la complexité et à l'interdisciplinarité croissantes des questions juridiques. Il se veut capable de fournir une étude technique de haut niveau. Dans le prolongement des discussions auxquelles les questions soumises par les

1. Déjà parus : Paul Cassia, *Conflits d'intérêts. Les liaisons dangereuses de la République*, mars 2014 ; Martin Collet, *L'Impôt confisqué*, mars 2014 ; Étienne Pataut, *La Nationalité en déclin*, octobre 2014.

professionnels du droit au cabinet donnent lieu, ses membres ont souhaité apporter leur contribution à l'émergence d'une analyse juridique engagée, qui soit diffusée largement, sur les grands sujets qui traversent notre société. Il faut y voir une manière de sortir de l'univers des jurisconsultes pour parler du droit autrement, en récusant le préjugé que les solutions juridiques sont neutres et désincarnées.

Par-delà cette démarche commune, chacun des ouvrages exprime les idées de son seul auteur. Nul consensus, nulle pensée unique, mais des propos qui engagent leur signataire et qui visent à éclairer les lecteurs. L'ouvrage de Pascal Lokiec s'inscrit dans cette ligne : en décryptant les changements qui ont, ces dernières années, provoqué l'érosion du droit du travail, il en offre une lecture singulière qui permet de mieux voir et comprendre la force d'une évolution dont chacun n'a pas toujours conscience.

Les ouvrages de la collection se veulent accessibles, c'est pourquoi ils sont courts et rejettent la langue technique parfois absconse pour emprunter celle du débat public. Ils portent non seulement le point de vue des juristes, mais aussi une perspective plus large de la manière dont le droit envisage et modèle notre réalité ; ils manifestent une conception du droit qui n'est pas « hors sol », mais au contraire enracinée dans notre monde. Quant aux sujets, ils ont vocation à permettre aux lecteurs d'entrer de plain-pied dans l'actualité, tout en tirant profit du recul et des qualités pédagogiques des professeurs de droit que sont les auteurs.

Cette collection est une entreprise nouvelle dans le paysage éditorial français. Les titres en préparation sont déjà nombreux. Nous souhaitons qu'elle soit l'occasion de multiplier des échanges et des discussions échappant à la pensée préfabriquée sur le droit et ses évolutions. Qu'elle contribue à faire du droit une arme pour lutter contre les préjugés. Que le droit nourrisse une culture commune qui, mieux partagée, ne se réduise pas à des simplifications dangereuses. Tels sont les vœux que nous formons et auxquels cette nouvelle collection veut répondre. À vous de juger.

Thomas Clay
Codirecteur de la collection
Associé-gérant de Corpus Consultants

Sophie Robin-Olivier
Codirectrice de la collection

Sommaire

TROISIÈME PARTIE

Le transfert des risques

Introduction

Le discours antisocial est bien rodé et particulièrement prospère en ces temps de crise. Les « Dupés » (Dirigeants ulcérés par la politique économique et sociale) prônent le démantèlement du droit du licenciement pour motif économique et la suppression de la notion de harcèlement du Code du travail. La candidate malheureuse à la Mairie de Paris en appelait, parmi ses propositions pour la capitale, à des zones franches du droit du travail qui permettraient de faciliter l'implantation de start-up. Les seuils sociaux, le repos dominical et le Smic, sans oublier les 35 heures, sont devenus des obstacles à abattre dans le combat contre le chômage. Pour les plus radicaux, il faut purement et simplement « réfléchir à la fin du salariat, héritage de l'Ancien Régime complètement obsolète[1] » ou « en finir avec la dictature du salariat[2] ».

Et pourtant... Peut-on décemment jeter le droit du travail au pilori, fût-ce au nom d'impératifs économiques ?

Trois griefs lui sont généralement adressés.

Entendu comme le droit applicable au travail salarié, le droit du travail serait d'abord trop complexe, à la fois pour les salariés et pour les employeurs. Il n'est évidemment pas satisfaisant de constater que le Code du travail a doublé de volume ces vingt dernières années et que certains patrons de PME, en toute bonne foi, ne parviennent pas à l'appliquer correctement faute de compétences juridiques en interne. Ne cédons pas pour autant aux rêves de certains de le voir réduit à une cinquantaine d'articles ! La protection de la santé et de la sécurité ne peut se résumer à quelques principes généraux de prévention, le droit du licenciement perd toute consistance si la loi ne définit pas les délais et les procédures, la mise en place des institutions représentatives du personnel est impossible si on ne définit pas leurs conditions de désignation, leur composition et leurs attributions. Renvoyer la réglementation des rapports de travail à la négociation collective pour ne laisser à la loi que la définition d'un cadre général, comme cela est notamment proposé par le Medef, ne simplifie les choses

1. E. Verhaeghe, « Mettons fin au salariat ! », *Atlantico*, 4 octobre 2011 ; J.-P. Gaudard, *La Fin du salariat*, François Bourin Éditeur, 2013.

2. T. Lanxade, J. Isabello, *En finir avec la dictature du salariat*, Editea, 2010.

qu'en apparence. Des questions actuellement traitées par la loi et le règlement le seront par les conventions collectives qui, par l'effet domino, se complexifieront à leur tour ! Quant au recours à la jurisprudence qui, dans les pays à faible réglementation comme le Royaume-Uni, pallie le silence de la loi, il n'est pas certain que les partisans de la simplification y trouvent leur compte.

En définitive, la complexité est sans doute inévitable dans un contexte de plus en plus mouvant, et en l'absence de ligne politique stable. Tricoter et détricoter les textes au gré des changements de politique gouvernementale, ce qui est particulièrement manifeste en matière de temps de travail avec pas moins de dix lois, parfois contradictoires, adoptées entre 2003 et 2014, ne permettra assurément pas de rompre avec la complexité du droit du travail.

Deuxième grief, le droit du travail, tel que nous le connaissons aujourd'hui, serait archaïque et inadapté au contexte mondialisé dans lequel évoluent les entreprises, petites et grandes. Il n'est cependant pas ce carcan que l'on présente trop souvent. D'abord, la subordination, sur laquelle il est construit, n'est pas un vestige du passé, même si elle a changé de visage pour nombre de travailleurs. Ensuite, la flexibilité s'est depuis longtemps invitée dans le droit français, comme l'illustrent les nombreuses possibilités d'aménagement du temps de travail, les diverses formules de rémunération variable et de mobilité géographique accessibles aux entreprises. L'accueil de plus en plus favorable rencontré par la négociation collective oblige également à nuancer l'image souvent véhiculée d'un droit rigide, réglementaire, incapable de s'adapter au contexte de l'entreprise. Certes, on peut aller plus loin, ne réguler les rapports de travail que par accord d'entreprise, tirer un trait définitif sur les protections, soumettre l'ensemble des salariés à un contrat de travail unique qui pourrait être rompu sans motif. Est-ce l'héritage que nous souhaitons léguer aux générations futures ?

Troisième grief, à l'origine de la plupart des réformes du marché du travail en Europe ces dernières années, les règles sociales, en accroissant les coûts des entreprises, nuiraient à leur compétitivité. En contexte de crise et de taux élevé de chômage, difficile de résister à ce discours, car les arguments en faveur de la compétitivité des entreprises sont aussi des arguments pour l'emploi ! Pourtant, la responsabilité du droit du travail dans la situation économique et sociale n'est pas établie, tout comme le fait que la protection des salariés serait inversement proportionnelle à la baisse du chômage. Il n'est pas prouvé qu'en facilitant les licenciements, qu'en abaissant le Smic, qu'en libéralisant le travail du dimanche, qu'en relevant les seuils sociaux, on multipliera les embauches. À force de promouvoir ce type d'arguments, ceux qui ont porté aux nues le dialogue social au point de vouloir le constitutionnaliser en arrivent à concevoir, à mots couverts, la mise en place des institutions représentatives du personnel comme un frein à l'embauche[3].

3. P. Lokiec, « Le dialogue social n'est pas un frein à l'embauche », *Libération*, 9 septembre 2014.

Le droit du travail a bon dos. On aura beau s'y attaquer, les entreprises n'embaucheront pas si les carnets de commandes sont vides. Il existe sans nul doute de meilleures voies pour favoriser les embauches, notamment dans les PME, par exemple l'adoption d'un véritable *Small Business Act* sur le modèle de celui que connaissent les États-Unis et, plus modestement, l'Union européenne. Favoriser l'attractivité économique des PME, leur accès aux marchés publics et au financement, prendre en compte les difficultés qui leur sont propres, n'imposent pas de remettre en cause jusqu'aux droits essentiels des salariés[4] !

Il nous faut rompre avec ce discours convenu qui fait du modèle social la cause de tous les maux de l'économie française.

D'abord, un droit du travail fort peut, dans une logique de redressement productif, constituer un atout. Chacun sait qu'on ne rivalisera pas avec les prix pratiqués par la Chine, l'Inde ou le Bangladesh, à moins de brûler le Code du travail et de s'extraire de nos engagements internationaux, notamment ceux pris vis-à-vis de l'Organisation internationale du travail (OIT). On ne concurrencera pas ces pays par une politique de coût du travail, mais de qualité du travail. Si l'on considère que c'est sur le qualitatif que la France possède un avantage compétitif, brader le droit du travail ne peut être une stratégie gagnante. À moins de nier tout

4. Dans le prolongement de la loi n° 2008-776 du 4 août 2008 de modernisation de l'économie qui, entre autres, facilite l'accès des PME aux marchés publics.

lien entre bien-être au travail et qualité du travail, entre protection des salariés (niveau de vie convenable, conditions de travail décentes, protection de l'emploi, droit à la formation...) et productivité du travail[5].

Ensuite, le droit du travail est une institution de base du capitalisme. N'oublions pas qu'il organise la subordination de la majeure partie de la population active ! Supposons que l'on annonce aux entreprises que le salariat disparaît et qu'on fonctionnera désormais dans une société d'indépendants, on peut douter que l'accueil soit enthousiaste. Difficile pour une entreprise de s'engager dans des programmes de production sur plusieurs années en s'appuyant exclusivement sur des prestataires extérieurs ! La fin du salariat n'est une bonne chose pour personne. Le droit du travail n'est autre que la contrepartie de la subordination, sur la base de laquelle notre société capitaliste fonctionne[6]. Subordination contre protection, voici une équation indispensable au fonctionnement du capitalisme moderne, ce que les entreprises ont bien compris puisque la quasi-totalité d'entre elles fonctionnent sur le modèle du salariat.

Enfin, le droit du travail a des assises constitutionnelles et supranationales qui interdisent son démantèlement. La

5. H. Lachmann, C. Larose, M. Pénicaud, *Bien-être et efficacité au travail*, Rapport remis au Premier ministre, La Documentation française, février 2010.

6. A. Jeammaud, « Les fonctions du droit du travail », in *Le Droit capitaliste du travail*, Presses universitaires de Grenoble, « Critique du droit », 1980, p. 149.

Constitution prévoit, dans son article 34, que la « loi fixe les règles concernant [le] droit du travail, [le] droit syndical et la sécurité sociale », et garantit aux travailleurs un certain nombre de droits fondamentaux, du droit à la protection de la santé au principe de participation en passant par le droit à l'emploi ou le droit de grève. Des droits qui, en raison de leur caractère fondamental, ne peuvent être aliénés au nom de quelque impératif que ce soit. Il en va de même de ceux prévus par les conventions internationales auxquelles la France est liée. Le contrat nouvelles embauches en a fait les frais, stoppé net sur le fondement de la convention 158 de l'Organisation internationale du travail qui exige, entre autres, un juste motif de licenciement.

Si l'on prolonge ce troisième argument, on en arrive à ce qui constitue sans nul doute la fonction principale du droit du travail dans nos sociétés modernes. Il joue un rôle essentiel pour que la personne ne soit pas laissée sur le bord de la route. Ne perdons jamais de vue que derrière les salariés, que l'on a trop souvent tendance à réduire au rang de variables d'ajustement ou, selon un terme très en vogue, d'agents économiques, il y a des personnes humaines[7].

En ces temps où l'économique a pris le pas sur le social, où la raison économique paraît s'imposer sur la raison juridique, où la règle de droit est jugée sur sa capacité à assurer l'efficience optimale, il n'est pas inutile de

7. Voir not. A. Gorz, *Métamorphoses du travail. Critique de la raison économique*, Galilée, 1988.

rappeler que le droit est fait par et pour les hommes. La santé d'une entreprise est-elle plus importante que le bien-être des femmes et des hommes qui donnent leur force de travail pour la faire prospérer ? De ce point de vue, la loi du 9 mai 2014 permettant le don de jours de repos au parent d'un enfant gravement malade ne va pas révolutionner la vie des entreprises, mais montre que le législateur est aussi capable, en ces temps troublés, de laisser de côté les objectifs économiques et d'avoir pour horizon la personne humaine, dans son corps et son esprit[8].

Dans ce contexte, le droit du travail se trouve face à un triple défi. Les transformations dans l'organisation du travail menacent l'idée de subordination sur laquelle les règles de protection des salariés se sont construites (Première partie) ; la priorité donnée à l'emploi se fait de plus en plus au détriment du travail (Deuxième partie) ; la logique de marché fait vaciller l'entreprise, et transfère les risques du capital vers le travail (Troisième partie). Pour répondre à ces défis, il ne suffit pas d'aménager les règles sociales dans l'espoir de limiter l'impact du capitalisme sur les individus au travail. Il faut adapter le travail à l'homme, non plus l'homme au travail, et donc accorder au droit du travail la place centrale qui doit être la sienne dans nos sociétés modernes.

8. Les salariés peuvent, depuis cette loi, renoncer anonymement et sans contrepartie à un certain nombre de leurs jours de repos au bénéfice de collègues ayant à leur charge un enfant de moins de 20 ans gravement malade.

PREMIÈRE PARTIE

Le salariat en danger

Le salariat a-t-il encore un avenir ? À suivre un discours de plus en plus répandu, la subordination, sur laquelle il s'est construit, serait condamnée, parce que liée à une conception du travail désormais révolue[1].

En cause, d'une part le développement des nouvelles technologies de l'information et de la communication, d'autre part les nouveaux modes d'organisation du travail, qui accordent aux travailleurs une autonomie peu compatible avec l'idée de subordination[2].

La dilution supposée de la subordination nourrit, en effet, un discours redoutable qui débouche, pour les plus

1. J.-P. Gaudard, *La Fin du salariat, op. cit.*

2. Voir les réflexions critiques de Robert Castel sur l'évolution du salariat ; R. Castel, *Les Métamorphoses de la question sociale. Une chronique du salariat*, Fayard, 1995.

radicaux, sur la fin du salariat, pour les autres, sur la diminution du besoin de protection et la mise à l'écart d'un certain nombre de règles phares du droit du travail[3].

La disparition du salariat est donc programmée, comme une suite logique de la montée du travail intellectuel et des nouvelles technologies.

On est, il est vrai, à mille lieues, en ce début de XXIe siècle, de la sujétion à laquelle étaient soumis les travailleurs à la chaîne, qu'incarne si bien Charlie Chaplin dans *Les Temps modernes*. Tout un pan du droit du travail est devenu inadapté au travailleur nomade, au manager, au commercial, au consultant, à l'expert... Appliquer les 35 heures, compter les heures supplémentaires et les pauses quotidiennes a-t-il un sens pour un manager, chargé de diriger avec des déplacements quasi quotidiens, une équipe de 50 commerciaux répartis sur toute la France, et rémunéré en fonction des résultats obtenus ?

Il ne faut pourtant pas céder à la tentation de croire que la subordination est en voie de disparition ! Les chiffres parlent d'ailleurs d'eux-mêmes puisque 90 % de la population active est aujourd'hui encore salariée.

D'abord, nombre d'emplois s'inscrivent fidèlement dans l'idée de subordination. Les salariés des centres d'appel, dont les conversations sont enregistrées, les pauses

3. Voir sur la question A. Lefèvre et D. Méda, *Faut-il brûler le modèle social français ?*, Seuil, 2006 ; B. Teyssié, « Faut-il brûler le Code du travail ? Propos autour d'un projet d'autodafé », *Dr. social*, 1986.

contrôlées à distance, par ordinateurs ou caméras interposés, sont placés dans un lien de subordination qui n'a rien à envier à celui du travailleur à la chaîne. Que dire de la caissière, dont les horaires de travail changent constamment, qui prie pour ne pas être placée dans le courant d'air, pour laquelle une erreur de caisse équivaut parfois à un avertissement, sans compter les insultes reçues de certains clients[4] ? Que dire des victimes de l'esclavage moderne, de ces jeunes femmes d'origine étrangère employées comme « bonnes à tout faire » par des individus qui les exploitent de manière indigne et ne comprennent même pas qu'on le leur reproche ? Une situation dont le droit français et l'Organisation internationale du travail, à travers l'adoption d'une convention sur le travail domestique, ont pris la mesure, mais qui, sans nul doute, continuera à prospérer à distance des tribunaux. Tout comme le recours abusif aux stages ! Qui ne connaît un étudiant embauché pour 450 euros mensuels, comme stagiaire, pour accomplir le travail d'un salarié ? Le législateur est fort heureusement venu encadrer les stages (gratification minimale, congés, quotas de stagiaires...) dont le nombre est passé de 600 000 à 1 600 000 entre 2006 et 2012.

Ensuite, quoique le concept de subordination paraisse quelque peu vieillissant pour décrire les liens unissant certains salariés à leur employeur, la situation des travailleurs

---

4. « Plongée dans la vie d'une caissière », *Le Parisien*, 14 décembre 2011 ; A. Sam, *Les Tribulations d'une caissière*, Stock, 2008.

affectés à des tâches intellectuelles, technologiques ou nomades correspond bien à l'idée que le droit se fait du travail subordonné. Derrière le voile de l'autonomie, on découvre en effet des individus soumis à un pouvoir qui, par son périmètre et son intensité, est sous certains aspects plus prégnant que celui traditionnellement associé à la subordination. Sous l'apparence d'une plus grande autonomie, le pouvoir patronal prend des formes diffuses qui rendent son appréhension par le droit d'autant plus complexe.

Les nouvelles formes de subordination

FAIS CE QUE JE TE DIS !

Pourquoi s'inquiéter de ce discours récurrent sur la fin de la subordination ? Parce qu'elle est, avec la rémunération et la prestation de travail, l'un des éléments nécessaires à la caractérisation d'un contrat de travail. Le travailleur qui n'est pas subordonné n'est pas titulaire d'un contrat de travail et ne bénéficie donc pas de la protection du droit du travail (salaire minimum, limitation de la durée du travail, congés, protection contre le licenciement, etc.), réservée aux travailleurs subordonnés.

Le critère de la rémunération fait rarement difficulté, tout comme l'exigence d'une prestation de travail. Du moment qu'elle est au service d'une valeur économique, toute activité, qu'elle soit manuelle, intellectuelle, artistique ou sportive, constitue un travail. C'est parce qu'ils œuvrent au développement de l'activité économique de la maison de production que les participants à une émission de téléréalité (L'île de la tentation, Koh-Lanta...) peuvent prétendre devant les prud'hommes à la qualité de salarié.

Le critère de la subordination est de loin le plus délicat. L'informaticien qui assure trois jours par mois la maintenance du parc informatique de l'entreprise et qui est remercié du jour au lendemain sans indemnités peut-il prétendre à une indemnité de licenciement ? Une fois admis qu'ils effectuent un travail, les candidats à une émission de téléréalité sont-ils subordonnés à la maison de production ?

La réponse ne se trouve pas dans la loi. Le législateur français, comme la plupart de ses homologues, a fait le choix de ne pas enfermer la subordination dans une définition légale. Curieux choix, au premier abord, que de laisser indéfinie la notion clé du droit du travail alors que le Code du travail fait plusieurs milliers de pages. Choix judicieux cependant car les juges ont la possibilité de faire évoluer les frontières du salariat au gré des mutations sociales et économiques, sans qu'il faille une réforme législative. Ce à quoi il faut ajouter que la jurisprudence a, en principe, un effet rétroactif et qu'ainsi un revirement produit immédiatement effet. Un médecin qui, se fiant à la jurisprudence de l'époque, n'avait pas cru nécessaire d'informer son patient sur un risque exceptionnel de complication, en a subi les conséquences, condamné vingt-six ans après les faits à la suite d'un revirement de jurisprudence[5].

Depuis 1996, la Cour de cassation définit la subordination comme « l'exécution d'un travail sous l'autorité d'un employeur qui a le pouvoir de donner des ordres et des directives, d'en contrôler l'exécution et de sanctionner les manquements de son subordonné[6] ». On comprend, à la lecture de cette définition, que soient régis par le droit du travail les candidats à une émission télévisée dans la mesure où ils sont obligés, fût-ce dans un cadre ludique, de répondre aux interviews, de réaliser des épreuves ou chorégraphies imposées, de se soumettre à l'œil des caméras, et dans l'impossibilité de quitter le tournage sous peine de renvoi !

Le concept clé, pour comprendre la subordination, est celui de pouvoir.

Situation originale que celle d'une personne privée qui possède, en droit, le pouvoir d'imposer sa volonté à une autre personne ! Car, si de très nombreux contractants disposent, dans les faits, du pouvoir d'imposer leur volonté à autrui (le bailleur, le franchiseur, l'assureur, le médecin...), rares sont ceux qui sont titulaires, en droit, d'une telle faculté. À part le cas bien spécifique du mandat, le seul équivalent véritable se trouve dans l'autorité

5. Cour de cassation, 1re chambre civile, 9 octobre 2001, n° 00-14.564.

6. Cour de cassation, chambre sociale, 16 novembre 1996, *Dr. social*, 1996, 1067, note J.-J. Dupeyroux.

parentale, qui confère aux parents le pouvoir d'imposer des décisions à leur enfant mineur. Bien qu'il ait sa pleine capacité juridique, contrairement au mineur, le salarié ne fait pas ce qu'il souhaite, ne dit pas ce qui lui plaît, ne se déplace pas quand et où il veut, ne s'habille pas comme il l'entend. Une agence immobilière peut proscrire le port du survêtement, une société de télécommunication celui du bermuda à ses salariés en contact avec la clientèle, une banque le port d'une coiffure à l'iroquoise. Et si les salariés n'obtempèrent pas, ils s'exposent à une sanction disciplinaire, qui peut aller jusqu'à la sortie, temporaire (mise à pied) ou définitive (licenciement) de l'entreprise.

VOUS AVEZ DIT « AUTONOME » ?

De plus en plus de salariés sortent, en apparence au moins, du schéma classique de la subordination. Ils sont, selon un vocable redoutable, « autonomes ». Certes, l'autonomie est valorisante pour les individus, qui disposent ainsi de facultés d'initiative, d'une plus grande capacité d'action. Mais elle a un revers : elle les pousse en dehors du droit du travail, tout au moins en dehors de certaines de ses protections essentielles. Subordination et autonomie ne font pas bon ménage.

Pour preuve le détricotage du droit du temps de travail, pour les salariés dits « autonomes ». Curieuse figure d'ailleurs que celle du salarié autonome ! Il faut pourtant s'y faire car les cadres dirigeants et les cadres en forfait jours épousent bien, à la lecture du Code du travail, ce double visage. Bien que salariés, ils sont définis par une faculté de prendre des décisions de façon largement autonome ou encore par une indépendance dans l'organisation de l'emploi du temps. Les premiers sont exclus de l'essentiel de la législation sur le temps de travail. Les seconds, souvent experts, consultants ou commerciaux, sont exemptés de l'application des 35 heures, et des articles du code relatifs aux durées quotidiennes et hebdomadaires du travail. Leur temps, difficile à décompter en heures, l'est en jours, avec un maximum de 218 jours sur l'année, le paiement des heures supplémentaires étant remplacé par l'octroi de jours de repos.

Sans être nécessairement cadres dirigeants ou cadres en forfait jours, de plus en plus nombreux sont les salariés autonomes dans l'exécution de leur prestation de travail. À cela deux raisons principales, auxquelles le droit du travail fait face, non sans peine.

La première peut être présentée, abruptement, comme le glissement du savoir, de l'employeur vers le salarié. Dans la vision classique du salariat le patron réfléchit, le salarié exécute. Cette vision reflète de moins en moins la réalité des rapports de travail. Quels ordres un employeur peut-il donner à un salarié qui, doté d'une compétence très spécifique, dispose d'une totale indépendance technique ? Le dirigeant d'une société, titulaire d'une formation de juriste, n'est pas en mesure de dicter le travail d'un ingénieur informatique, en charge de reconfigurer le logiciel de l'entreprise. Les dirigeants d'un cabinet d'avocats ne vont pas dicter à leurs collaborateurs salariés les articles du Code de l'urbanisme à appliquer dans tel dossier de permis de construire, alors que la profession d'avocat, y compris, désormais, celle d'avocat aux Conseils, peut s'exercer sous la forme salariée. De même, comment le directeur d'une clinique pourrait-il prescrire aux chirurgiens les gestes à accomplir et les produits à administrer avant et pendant une intervention ? Il a d'ailleurs été plaidé, en vain, que l'indépendance professionnelle des médecins et sages-femmes les rendrait civilement responsables vis-à-vis des tiers, par contraste avec la règle générale qui veut que les salariés bénéficient d'une immunité de responsabilité[7].

La seconde source de perturbation touche au cœur même du contrat de travail. En vertu d'une clause d'objectifs, l'employeur exige de son salarié embauché, par exemple en qualité de vendeur de voitures, qu'il concrétise vingt ventes dans le mois. La clause précise que la non-réalisation des objectifs induira la rupture automatique du contrat de travail. Il est facile d'imaginer que si ces clauses n'étaient pas limitées dans leur portée, on irait tout droit vers la sortie du salariat. Rendre le salarié responsable de la non-réalisation des objectifs qui lui sont assignés constitue l'exact envers de la subordination. Pouvoir

7. La Cour de cassation a admis cette thèse, avant de se rétracter : Cour de cassation, 1re chambre civile, 9 novembre 2004, n° 01-17.908.

et responsabilité vont en principe de pair. Comment, en effet, d'un côté, permettre à l'employeur de diriger le travail de ses salariés, de l'autre, leur reprocher de ne pas avoir atteint leurs résultats ! Sans condamner par principe les clauses d'objectifs, les juges français ont pris la mesure de la difficulté et refusent de faire produire leur plein effet à ces clauses. Un salarié ne peut être licencié du seul fait qu'il n'a pas atteint ses objectifs. Il faut que ceux-ci soient réalisables et que leur non-réalisation résulte d'une insuffisance professionnelle ou d'une faute. Autrement dit, le salarié peut se voir reprocher la non-réalisation d'objectifs lorsque celle-ci lui est imputable, pas lorsqu'elle est due à la conjoncture économique ou à une mauvaise stratégie commerciale de l'entreprise. N'en déduisons pas que les clauses d'objectifs ont déserté les contrats de travail. Ces clauses sont très utilisées pour la détermination de la rémunération des salariés. Elles font dépendre la part variable de la rémunération de la réalisation des objectifs, convenus entre les parties ou fixés unilatéralement par l'employeur. L'autonomie sous contrainte d'objectifs existe bel et bien, mais elle n'est assurément pas une véritable autonomie.

VOLONTÉ N'EST PAS LIBERTÉ

Qui dit contractuel dit juste ! Cet axiome libéral, qui gouvernait les rapports de travail au temps du contrat de louage de service, est difficilement compatible avec l'idée de subordination. Certes, contrairement à ce qu'on lit parfois, le droit du travail ne fait pas du salarié un incapable. Mais qu'il le veuille ou non, ce dernier doit être protégé non seulement contre la volonté de son employeur mais aussi contre sa propre volonté, qui n'est pas toujours librement donnée. Un salarié ne peut accepter, même avec une contrepartie pécuniaire très avantageuse, de travailler 70 heures par semaine. Il ne peut pas non plus renoncer à ses droits fondamentaux, que ce soit le droit à la protection de la santé et de la sécurité, le droit de grève ou le droit au respect de la dignité de la personne humaine. Songerait-on à accéder à la volonté des parents de faire travailler leurs enfants mineurs, parce que cela augmenterait le niveau de vie du couple ou, à l'extrême, parce que cela permettrait à la famille de se nourrir ? La prohibition du travail des enfants, proclamée par la plupart des instruments internationaux, n'a pourtant pas permis d'éradiquer ce type d'agissements.

Même si le droit du travail a conservé une méfiance épidermique à l'égard de l'échange individuel des volontés entre salarié et employeur, le vent souffle aujourd'hui en faveur d'une réhabilitation de la volonté. La meilleure illustration se trouve dans le nouveau mécanisme de rupture conventionnelle, qui confère des effets jusque-là inconnus (accès à Pôle emploi, droit à une indemnité équivalant à l'indemnité de licenciement, etc.) aux arrangements individuels en matière de rupture du contrat de travail. Début 2014, près d'un million et demi de procédures de ce type avaient été homologuées par les services de l'État. Pas besoin, contrairement au licenciement, d'établir une faute du salarié, son insuffisance professionnelle ou l'existence de difficultés économiques ! La volonté commune, certes très encadrée (un entretien, un délai de réflexion, un formalisme strict, une homologation administrative), suffit. La réhabilitation de la volonté, c'est aussi la possibilité pour le salarié à temps partiel de renoncer, pour contraintes personnelles, au minimum des 24 heures hebdomadaires désormais exigées pour le travail à temps partiel. En contexte de chômage, la volonté est-elle synonyme de liberté lorsque celui à qui est proposé un temps partiel de 10 heures par semaine sait pertinemment que s'il ne renonce pas au minimum de 24 heures, il ne sera pas recruté ? Le retour de la volonté, c'est également la faculté de racheter des jours de repos ou de conclure des conventions de forfait, outils de flexibilisation qui permettent de déroger à certaines règles relatives au temps de travail parmi lesquelles le décompte des heures supplémentaires. C'est encore la faculté pour un célèbre présentateur du journal télévisé de renoncer à une partie de sa liberté d'expression en s'engageant à ne pas critiquer ni dénigrer son employeur[8].

Conséquence du rôle accru de la volonté, la question des techniques de protection du consentement se pose avec insistance. Du formalisme aux délais de réflexion en passant par l'homologation administrative ou la technique dite du « double accord » (superposition d'un accord

8. Cour de cassation, chambre sociale, 14 janvier 2014, n° 12-27.284.

individuel et d'un accord collectif), le droit du travail est en train de se doter de dispositifs qui, dans le prolongement du droit de la consommation, vont bien au-delà de ce que propose le Code civil. La suspicion qui entoure – et entourera toujours – la volonté dans les rapports de travail, quel que soit le niveau d'autonomie acquis par le salarié, le nécessite.

Faut-il franchir un pas supplémentaire et renforcer la capacité d'initiative des salariés ? Il n'est pas contestable que nombre de salariés sont demandeurs d'une plus grande autonomie dans le choix de leur lieu et plus encore de leurs horaires de travail. Le droit anglais est allé plus loin que le droit français puisque celle ou celui qui bénéficie d'une ancienneté de vingt-six semaines peut demander, une fois par an, à son employeur à bénéficier du « travail flexible », sous quelque forme que ce soit : temps partiel, changement d'horaires, travail intermittent, changement de type de contrat, télétravail... Un refus ne peut lui être opposé qu'en présence d'une raison économique véritable. Sur ce chemin, on a désormais l'exemple de ces salariés de Netflix ou de Virgin autorisés à prendre des congés illimités, sans même en référer à leur supérieur hiérarchique. Faut-il voir dans l'autonomisation croissante des salariés le crépuscule du droit du travail, ceux-ci s'apparentant à des entrepreneurs individuels chargés de remplir des objectifs en gérant librement leur emploi du temps ? Non bien sûr, car le plus souvent, l'autonomie va de pair avec une surveillance accrue aussi bien dans l'entreprise qu'en dehors[9]. Le pouvoir est partout, suggérait Michel Foucault dans ses écrits ! Un constat qui se vérifie de plus en plus et rend d'autant plus nécessaire les protections offertes par le droit du travail.

« *Surveiller et punir* »

Affirmer que les nouvelles technologies ont accru les capacités de contrôle de l'activité des salariés sonne aujourd'hui comme une évidence. La vidéosurveillance, qui reste très utilisée, avec des abus régulièrement dénoncés par la CNIL, notamment d'employeurs qui filment dans les toilettes ou les vestiaires, apparaîtrait presque comme une technique d'un autre âge. On est passé à l'ère de la cybersurveillance, avec parfois des outils qui frisent la caricature. La CNIL a dû censurer le site « surveiller-monsalarie.com » et rappeler que le système du « keylogger », qui permet d'enregistrer toutes les frappes effectuées par un salarié sur son clavier, ne peut être utilisé que pour des raisons impérieuses de sécurité ! La traque est lancée contre les salariés qui utilisent Internet à des fins privées, sur des sites de tourisme, de météo, de comparaison de prix, sur

9. G. Deleuze, « Post-scriptum sur les sociétés de contrôle », *in Pourparlers 1972-1990*, Éditions de Minuit, 1990 ; A. Lyon-Caen, « Liberté et volonté », *in* T. Sachs, *La Volonté du salarié*, Dalloz, « Thèmes et commentaires », 2012, p. 3.

les réseaux sociaux, diminuant d'autant leur temps de travail. Si on laisse de côté les situations extrêmes, telle celle de ce cadre licencié pour faute grave après avoir effectué 10 000 connexions en deux ou trois semaines, sans rapport avec son travail ou de ceux licenciés après s'être connectés quotidiennement sur des sites pornographiques, la frontière n'est pas facile à tracer entre la pratique raisonnable d'Internet à des fins personnelles et son utilisation abusive. Distinguer la crainte de l'employeur d'être rendu responsable, sur le fondement de la loi Hadopi, de l'usage délictueux d'Internet par ses salariés, et l'immixtion abusive dans leur vie privée n'est pas plus aisé.

Particulièrement complexe est la question de l'accès de l'employeur aux courriels et autres dossiers figurant sur le disque dur de ses salariés. Même s'il a fait grand bruit, l'arrêt *Nikon* et ceux qui l'ont suivi n'interdisent pas cet accès. D'abord, l'utilisation du matériel de l'entreprise est présumée à caractère professionnel, présomption qui ne peut être renversée que si le salarié prouve qu'il a identifié les documents comme personnels. Ensuite, il est seulement interdit à l'employeur d'accéder aux documents étiquetés comme « personnels » en l'absence du salarié ou sans que celui-ci ait été dûment appelé. Ce qui signifie que l'employeur qui prévient le salarié et qui dispose d'une raison légitime d'accéder au contenu du fichier peut l'ouvrir ou le faire ouvrir, si besoin par l'intermédiaire d'un huissier.

La cybersurveillance, c'est aussi la recherche par l'employeur d'informations sur les réseaux sociaux. La fameuse affaire Clavaud, qui avait vu les juges annuler le licenciement d'Alain Clavaud pour avoir tenu à un journaliste de *L'Humanité* des propos critiques sur les conditions du travail de nuit dans son entreprise, a plus de vingt-cinq ans. Si la solution a peu évolué, c'est désormais sur le terrain des réseaux sociaux que les critiques se déploient, avec des difficultés juridiques nouvelles. Ce n'est pas tant le contenu des messages qui pose question. Qualifier son supérieur hiérarchique de « nul et incompétent » ou de « bœuf » est passible de sanctions[10], tout comme le fait pour un salarié, censé rentrer d'arrêt maladie, de poster qu'« après deux semaines et trois jours de vacances, ça va être dur, très dur[11] ». L'essentiel des difficultés juridiques porte sur les conditions d'utilisation du réseau, qui, en fonction du paramétrage du compte, constitue un lieu privé ou public. La conversation est privée, et donc protégée de toute exploitation par l'employeur, si elle n'est accessible qu'aux seules personnes agréées par le titulaire du compte et si ces personnes sont en nombre restreint (les amis, sans doute pas les amis des amis[12]). La gérante d'une société n'a pas réussi à faire condamner pour injure publique une ancienne salariée qui avait créé un groupe de discussion sous la bannière « extermination

10. Cour de cassation, chambre sociale, 9 novembre 2004, n° 02-45.830.

11. Cour d'appel Amiens, 21 mai 2013, RG 12/01638.

12. J.-E. Ray, « Facebook, espace public plus que privé », *Sem. soc. Lamy*, 2013, n° 1581, p. 7.

des directrices chieuses » et notamment suggéré de faire voter une loi pour « éliminer les patrons et surtout les patronnes (mal baisées) qui nous pourrissent la vie ». La cour d'appel, suivie par la Cour de cassation, a estimé que l'information était limitée aux seules personnes agréées en nombre très restreint et sélectionnées par « affinités amicales ou sociales[13] ». Rappelons que selon l'IFOP, 86 % des internautes français seraient membres d'un réseau social[14].

Un pas supplémentaire est franchi lorsque la surveillance dérape du contrôle à l'espionnage. L'affaire Ikea a fait grand bruit, qui a vu l'entreprise suédoise mise en examen en qualité de personne morale, ainsi que trois de ses dirigeants, pour complicité de collecte de données à caractère personnel et complicité de violation du secret professionnel. Les soupçons concernaient la prise de renseignements sur la vie privée de certains salariés, au moyen des fichiers du Système de traitement des infractions constatées (STIC). Un scandale du même ordre a éclaté chez Eurodisney, condamné en correctionnelle, aux côtés de trois anciens gendarmes, pour avoir enquêté sur des candidats à l'embauche entre 1998 et 2004. C'est ici encore l'accès au STIC qui est en cause. En 2009, la CNIL elle-même pointait du doigt « des failles dans le dispositif de contrôle des accès » au STIC, reconnaissant qu'« aucun

---

13. Cour de cassation, 1re chambre civile, 10 avril 2013, n° 11-19.530.
14. IFOP, *Observatoire des réseaux sociaux*, 2013.

système d'alerte [...] ne permet de détecter une utilisation anormale » de ces fichiers[15].

Bien qu'il soit évidemment inconcevable, au XXIe siècle, de remettre en cause le principe même de l'utilisation des nouvelles technologies dans l'entreprise, il faut davantage que des codes de bonne conduite et autres chartes d'éthique pour réglementer leur usage. Ce d'autant plus que les techniques se font de plus en plus sophistiquées, avec aujourd'hui l'essor de la biométrie et de la géolocalisation qui permettent d'identifier ou de situer les collaborateurs de l'entreprise où qu'ils se trouvent.

En droit comme ailleurs, mieux vaut prévenir que guérir, et réglementer en amont plutôt que sanctionner en aval, une fois que le mal est fait. Même si les textes ont évolué depuis l'entrée des nouvelles technologies dans l'entreprise, avec des procédures préalables de contrôle fondées à la fois sur le Code du travail et sur la loi informatiques et libertés, il reste du chemin à parcourir, ne seraitce que pour donner un statut à ce nouvel acteur qu'est l'administrateur réseau. Un personnage qui, avec les moyens qu'offrent aujourd'hui les logiciels de contrôle, a potentiellement accès à toutes les données personnelles figurant sur les outils informatiques de l'entreprise. Comment se satisfaire de voir ce salarié, sans statut protecteur spécifique, écartelé entre son obligation de confidentialité et

15. CNIL, *Conclusions du contrôle du STIC*, Rapport remis au Premier ministre, janvier 2009.

les demandes insistantes de sa direction d'accéder à une correspondance privée[16] ?

On pourra toujours arguer qu'on est en train de passer, avec l'aide des nouvelles technologies, de la subordination à l'autonomie contrôlée, et qu'un nombre croissant de salariés ne reçoit plus ni ordres ni directives. Même s'il change parfois de visage, le pouvoir patronal reste présent, même omniprésent, capable d'infiltrer la personne jusque dans son corps et son esprit.

Le corps et l'esprit

LA PERSONNE HORS COMMERCE

La personne humaine est hors commerce, clame le Code civil. Elle ne peut être l'objet d'un contrat.

En concevant, en 1804, le rapport de travail comme un contrat, on a, en théorie, sorti la personne du salarié de l'emprise de son patron. Comme il a été écrit, « la possibilité de conclure un contrat portant sur le seul travail marque le passage de la servitude à la liberté[17] ». Elle marque aussi la fin du paternalisme qui faisait que le patron s'immisçait dans tous les interstices de la vie

16. G. Bélier, « Le tumulte des NTIC et des libertés », *in* Ph. Waquet (dir.), *Les 13 Paradoxes en droit du travail*, Lamy, 2012, p. 235.

17. M.-L. Morin (dir.), *Prestation de travail et activité de service*, Rapport de recherche, Dares, 1997 p. 51.

de ses salariés, comme un père vis-à-vis de ses enfants. La controverse sur l'objet du contrat de travail, l'une des plus classiques dans l'histoire du droit du travail, porte sur l'incompatibilité, au moins théorique, entre le contrat et la personne. Elle explique que jusqu'à l'avènement, au début du XXe siècle, du contrat de travail les rapports entre employeurs et salariés aient été saisis par la figure du contrat de louages de service. Suivant cette logique, « on loue ses services comme on louerait son immeuble si on en possédait un[18] ». Même si une grille d'analyse concurrente est née depuis, fondée sur les droits fondamentaux (dignité, liberté d'expression, non-discrimination...), cette incompatibilité explique encore nombre de solutions juridiques, à commencer par celle qui fait interdiction à l'employeur de poser à un candidat à l'embauche des questions qui ne seraient pas liées aux fonctions à occuper, c'est-à-dire à l'objet du contrat. Bien qu'on ne puisse éviter que le recruteur ne « googlise » – selon l'expression désormais consacrée – le postulant, voire n'accède par un biais ou un autre aux détails de sa vie personnelle figurant sur un réseau social, celui-ci peut refuser de répondre et même mentir si on l'interroge sur son état de santé, sur sa situation familiale ou sur ses mœurs. Faut-il mettre en place le curriculum vitae anonyme obligatoire ? Des doutes quant à son efficacité (une expérimentation par Pôle emploi en 2011 avait donné des résultats peu probants) retardent

18. A. Supiot, *Critique du droit du travail*, PUF, 2007, p. 52.

l'adoption du décret d'application nécessaire à la généralisation d'un dispositif qui vise, en théorie, à masquer, dès les premiers stades du recrutement, tout ce qui touche à la personne du salarié.

Peut-on pour autant raisonnablement soutenir que l'engagement du salarié est de nature exclusivement patrimoniale, que celui-ci n'engage pas sa personne dans le rapport de travail ? Assurément non ! Loin des figures désincarnées de créancier ou de débiteur, à travers lesquelles le droit se représente généralement les rapports patrimoniaux, le salarié est appréhendé comme une personne à part entière. Il n'est bien sûr pas seul dans ce cas. Des pans entiers du droit ont eux aussi évolué pour reconnaître que le sujet de droit, qu'il soit salarié, locataire, patient ou assuré, n'est pas qu'un contractant. Il est aussi une personne humaine dont il faut protéger les attributs essentiels, en lui reconnaissant un droit à la santé, un droit au logement ou un droit au respect de sa vie privée, en la protégeant contre les discriminations ou encore en proclamant un principe de sauvegarde de la dignité humaine.

Ne nous méprenons pas sur le concept de personne tel qu'il est aujourd'hui promu par le discours sur les droits fondamentaux ! Il ne s'agit pas de l'individu ou de l'agent, cet être singulier, désincarné, parfois individualiste, capable de choix qui le distinguent des autres. Même si on en arrive aujourd'hui à reconnaître des droits fondamentaux aux personnes morales (liberté d'expression, liberté d'entreprendre, par exemple), la personne que saisissent les droits fondamentaux est avant tout la personne humaine, dans toute son épaisseur.

Pour preuve la liste des motifs de discrimination au travail, dans laquelle on retrouve à peu près tous les attributs dont est dotée une personne humaine : une origine, un sexe, des opinions, une orientation ou identité sexuelle, un âge, une situation de famille, des convictions religieuses, une apparence physique, un état de santé[19]...

Ce constat est particulièrement essentiel dans le contexte actuel de remise en cause des protections. Aucune politique économique, aucune décision entrepreneuriale, aucune stratégie d'efficience ne peut, au nom d'objectifs aussi légitimes soient-ils (lutter contre le chômage, accroître la compétitivité de l'entreprise) toucher aux attributs essentiels de la personne humaine.

L'employeur est parfois même obligé de prendre en compte la personne du salarié. Ainsi, s'il choisit de muter Untel, qui vit seul avec ses enfants, plutôt que tel autre qui ne connaît pas de contrainte familiale particulière, il porte atteinte au droit au respect de la vie personnelle du premier. Comment faire le bon choix sans s'immiscer dans la vie personnelle de ses salariés ? Un certain nombre de droits étrangers vont plus loin en pratiquant ce qu'on appelle l'« accommodement » raisonnable. Les employeurs américains et canadiens sont tenus de prendre en compte les pratiques religieuses de

19. Art. L1132-1 Code du travail.

leurs salariés, et d'aménager les conditions de travail, notamment les horaires, dans la limite du raisonnable. Ce qui va jusqu'à obliger l'employeur à accéder, sauf contraintes excessives, à la demande de la salariée de confession juive d'être dispensée de travailler le vendredi soir et le samedi[20] ou à celle d'un travailleur de religion sikh de porter le turban.

Avec l'essor des droits fondamentaux, l'énigme existentielle du droit du travail est en passe d'être résolue. Le rapport de travail n'est pas seulement, comme on l'envisageait au temps du Code civil, un contrat. Il est aussi un rapport de pouvoir, qui infiltre la personne jusque dans son corps et dans son esprit. Nul ne peut nier, aujourd'hui, que les rapports entre salariés et employeurs ne sont pas de simples rapports de contractant à cocontractant ! Banale au premier abord, la reconnaissance de la double nature des rapports de travail – rapport contractuel et rapport de pouvoir – explique nombre des évolutions du raisonnement juridique en droit du travail, à commencer par la place aujourd'hui reconnue aux droits fondamentaux.

Force est toutefois d'admettre que le registre des droits fondamentaux ne fait pas l'unanimité, y compris du côté de ceux qui se sont voués à la défense des intérêts des salariés. D'abord, le droit qu'ils induisent est imprécis, voire indécis, comme l'illustre le contrôle de proportionnalité : prévoir

---

20. Cour suprême du Canada, O'Malley *c.* Simpsons Sears Ltd., [1985] 2 R.C.S. 536.

comment le juge judiciaire résoudra le conflit entre la liberté d'expression et l'intérêt de l'entreprise, ou comment le Conseil constitutionnel articulera le droit à l'emploi et la liberté d'entreprendre, comme il l'a fait dans sa décision dite « Florange », relève souvent de la gageure. Les nombreux revirements de l'affaire Babyloup[21] montrent bien que trancher un conflit de droits fondamentaux est au moins autant affaire de jugement de valeur que de technique juridique. L'accent mis sur la personne, qui est une catégorie non spécifique au salariat, peut aussi faire perdre aux salariés le sentiment de « classe » qui a grandement contribué à l'essor de la dimension collective et syndicale du droit du travail. C'est un fait que de plus en plus de travailleurs ne se revendiquent plus seulement selon les catégories du salariat (cadres, employés, ouvriers ; syndiqués, non syndiqués ; salariés, indépendants...) ou du travail (ingénieur, commercial, mécanicien...) mais aussi, et surtout, en tant que personnes (jeunes, seniors, femmes, hommes), ce qu'illustre la montée de la revendication religieuse dans l'entreprise.

Quelles que soient les réserves qui peuvent s'exprimer ici ou là, la montée des droits fondamentaux adresse un sérieux démenti à ceux qui annoncent le déclin du besoin de protection et, avec lui, la mort prochaine du droit du

21. Du nom de la crèche qui avait licencié une employée à la suite de son refus d'ôter le voile et avait finalement vu son licenciement validé par la Cour de cassation (Assemblée plénière, 25 juin 2014, n° 13-28.369).

travail. Si on a tant besoin de préserver les droits fondamentaux, si on ressent la nécessité de protéger l'employé qui subit une filature ou qui passe ses journées avec un dispositif de géolocalisation scellé dans son véhicule, celui dont on lit les courriels personnels ou dont on surveille l'activité sur les réseaux sociaux, c'est que le contrôle a tout sauf disparu et franchit allègrement les frontières de la vie personnelle.

PLUS LIBRE CHEZ SOI

Dans la vision classique du travail, la frontière entre vie personnelle et vie professionnelle est assurée par la référence au temps et au lieu de travail. Pendant son temps de travail, le salarié est subordonné ; une fois ce temps écoulé, il peut vaquer librement à ses occupations personnelles. Logiquement, le temps de travail est un temps subordonné, c'est-à-dire un temps pendant lequel le salarié est, pour reprendre les termes exacts du Code du travail, « à la disposition de l'employeur et doit se conformer à ses directives sans pouvoir vaquer à ses occupations personnelles[22] ». Le mécanicien, une fois arrivé au vestiaire pour ranger son bleu de travail dans son casier, n'est plus, en principe, à la disposition de son patron. Le temps de la pause déjeuner, pendant lequel les salariés sont libres de

22. Art. L3121-1 Code travail.

faire ce que bon leur semble, n'est pas davantage un temps de travail effectif, comme l'a illustré un conflit retentissant chez Carrefour. L'enseigne de distribution a cru pouvoir intégrer la rémunération du temps de pause dans l'assiette du Smic, et diminuer d'autant les salaires. Pour les salariés, ces sommes ne rémunéraient pas un temps de travail effectif, puisqu'ils étaient libres de vaquer à leurs occupations personnelles pendant leurs pauses. La Cour de cassation leur a donné raison, obligeant Carrefour à des rappels de salaires[23].

Il est loin le temps où la subordination s'arrêtait à la porte de l'entreprise. Les temps totalement soustraits à l'emprise patronale se raréfient. Prenons l'exemple du temps de trajet qui n'est pas, en droit, un temps de travail effectif, et doit seulement donner lieu à contrepartie lorsqu'il dépasse le temps normal entre le domicile et le lieu habituel de travail. Une telle règle est-elle encore pertinente alors que nombre de salariés téléphonent ou utilisent leur ordinateur portable pendant leur trajet ? Même s'il ne faut pas nier ses atouts, à la fois pour le salarié, l'entreprise et la collectivité (baisse de l'absentéisme, économie de surface, gain de temps pour les salariés, lutte contre la pollution...), le télétravail participe lui aussi au délitement de la frontière entre vie personnelle et vie professionnelle. Ce qui explique que l'accord exprès du salarié soit exigé lors de sa mise en place.

23. Cour de cassation, chambre sociale, 21 mars 2012, n° 10-31.103.

Une vigilance s'impose aussi face à la pratique consistant, comme au bon vieux temps du paternalisme, à faire de l'entreprise un espace de non-travail[24], par le biais des salles de sport ou autres cours de yoga. Le risque, ici, est que le temps libre n'en soit plus un, avec la possibilité pour le manager d'appeler son subordonné à tout moment, pour qu'il prenne un appel téléphonique. La question n'est pas neutre du point de vue du droit, car le salarié, blessé en utilisant un appareil de musculation, entre deux interruptions pour répondre au téléphone, pourrait chercher à se prévaloir de la législation sur les accidents du travail. Vigilance aussi vis-à-vis de l'utilisation des SMS en tout lieu et à toute heure même si, fort heureusement, les entreprises françaises ne peuvent prendre modèle sur ce restaurant américain (Barducci's Italian Bistro) qui a licencié ses douze salariés par simple texto ! Le SMS constitue tout au plus, dans les rapports de travail, un mode de preuve, recevable notamment en cas de harcèlement sexuel.

La reconnaissance du droit au respect de la vie privée ne constitue plus, aujourd'hui, une réponse juridique suffisante au délitement des frontières, même si elle a beaucoup œuvré, au fil des années, à la protection de la vie personnelle du salarié, non seulement en dehors de l'entreprise, mais aussi au temps et au lieu de travail. On se souvient de l'affaire du sacristain homosexuel, licencié par

---

24. M. Marzano, *Extension du domaine de la manipulation, de l'entreprise à la vie privée*, Grasset, 2008.

l'association Saint-Pie-X au motif que ses mœurs étaient contraires aux principes de l'Église catholique[25], ou de la secrétaire d'un concessionnaire Renault licenciée pour avoir acquis en remplacement de son modèle Renault 5, une Peugeot 405[26]. Licenciements sanctionnés à l'époque par les juges au terme d'un raisonnement qui sera consacré peu de temps après par le législateur. Depuis 1992, le Code du travail comprend un article, de plus en plus souvent invoqué devant les tribunaux, en vertu duquel « nul ne peut apporter aux droits des personnes et aux libertés individuelles et collectives de restrictions qui ne seraient pas justifiées par la nature de la tâche à accomplir ni proportionnées au but recherché[27] ». Avec cette disposition, le temps des clauses de célibat est définitivement révolu ! C'était l'époque où le règlement intérieur d'Air France prévoyait que le mariage d'une hôtesse de l'air recrutée célibataire constituait une rupture unilatérale du contrat de travail et entraînait *ipso facto* le licenciement de l'intéressée ! Époque révolue en France, mais pas dans tous les pays puisque selon la Fédération internationale des ouvriers du transport (ITF), les hôtesses de Qatar Airways, Fly Emirates ou Etihad Airways ont, aujourd'hui encore, l'obligation d'obtenir l'autorisation de leur employeur avant de se marier[28].

---

25. Cour de cassation, chambre sociale, 17 avril 1991, n° 90-42.636.

26. Cour de cassation, chambre sociale, 22 janvier 1992, n° 90-42.517.

27. Art. L1121-1 du Code travail ; G. Lyon-Caen, *Les Libertés publiques et l'emploi*, La Documentation française, 1992.

28. C. Bonal, « Qatar Airways accusée de contrôler la vie privée de ses hôtesses », *Libération*, 25 septembre 2013.

Aussi importante que soit sa portée, l'article ci-dessus ne peut, à lui seul, servir de rempart face à l'immixtion de l'employeur dans la sphère privée. Affirmer, comme le fait avec constance la Cour de cassation, qu'un salarié ne peut être licencié pour des faits de vie personnelle sauf à démontrer un trouble objectif pour l'entreprise ou un manquement à son obligation de loyauté (un steward qui prend des drogues dures durant une escale ; un agent de surveillance qui commet un vol chez une cliente), ne suffit pas davantage. Pour le droit, la tâche est redoutable, il est vrai, car s'il était relativement aisé de réguler une relation de travail qui se situait dans un cadre précis, celui du lieu et du temps de travail, il est très difficile d'appréhender des immixtions qui n'ont plus de frontières objectives et interviennent potentiellement en tous lieux et à tout moment.

Des dispositifs spécifiques sont nécessaires, qu'illustre la reconnaissance, par un certain nombre de conventions collectives, d'un droit à la déconnexion. On peut prendre pour exemple l'accord conclu le 1er avril 2014 dans la branche Syntec (bureaux d'études et sociétés de conseil) qui fait de l'« obligation de déconnexion des outils de communication à distance » une garantie du respect des durées minimales de repos imposées par la réglementation française et européenne. Une obligation aux contours néanmoins difficiles à tracer. La CFDT et la CFE-CGC avaient proposé de définir des horaires de déconnexion, entre 21 heures et 7 heures du matin ; ils se sont vu opposer que, pour une entreprise à dimension internationale, tenue d'intégrer les fuseaux horaires, des heures de travail fixes ne sont pas appropriées. Cet accord de branche prolonge l'accord national interprofessionnel du 19 juin 2013 sur la qualité de vie au travail qui promettait déjà que « les entreprises chercheront les moyens de concilier vie personnelle et vie professionnelle par l'institution de temps de déconnexion ». La France n'est pas isolée. L'Allemagne, qui a vu la problématique des risques psychosociaux exploser ces dernières années, est particulièrement concernée par le droit à la déconnexion, au point que le syndicat IG Metall en appelle au législateur. Chez Volkswagen, plus aucun mail n'est envoyé vers les smartphones des collaborateurs en dehors des heures de travail (au-delà de trente minutes avant et après les horaires habituels de travail). BMW reconnaît, sous certaines conditions, comme une heure supplémentaire celle passée le week-end à répondre à une demande par e-mail.

LE RÈGNE DE L'ÉVALUATION

Agir avec courage, se donner pour son entreprise, faire preuve d'abnégation, avoir un esprit d'équipe... Ces critères ne traduisent pas seulement de bons sentiments ou les encouragements de début d'année pour motiver les salariés. Ce sont aussi des critères d'évaluation sur la base desquels pourront être déterminés les personnes à recruter, les bénéficiaires des augmentations de salaires, l'application d'un dispositif de rémunération variable, les destinataires d'une formation, autrement dit certains aspects essentiels de la carrière de l'individu au travail. Les techniques sont multiples : entretiens, tests, bilans comportementaux, questionnaires, autoévaluations...

A priori rien d'illicite à ce que l'employeur évalue ses salariés. Il « tient de son pouvoir de direction né du contrat de travail le droit d'évaluer le travail de ses salariés », affirme avec constance la Cour de cassation[29]. L'employeur est parfois même incité, voire obligé d'évaluer. Comment respecter son obligation d'adapter les salariés à l'évolution de leurs emplois et de veiller à leurs capacités, comment négocier sur la gestion prévisionnelle des emplois et des compétences, sans évaluer le travail ? De manière générale, l'évaluation peut aussi contribuer, lorsqu'elle est bien menée, à chasser l'arbitraire des politiques de gestion du personnel. La décision prise sur la base d'une évaluation vaut beaucoup mieux que celle prise sur un coin de table entre deux réunions !

Sans remettre en cause l'utilité de principe de l'évaluation, ses excès sont de plus en plus manifestes. Dans trop de cas, ce n'est pas le travail que l'on évalue, mais la personne[30] ! Comme le relève le tribunal de grande instance de Versailles, « il apparaît normal que pour les salariés devant travailler en équipe ou ayant des fonctions d'animation ou d'encadrement par exemple, leur comportement constitue

---

29. Cour de cassation, chambre sociale, 10 juillet 2002, n° 00-42.368.
30. J.-C. Milner, *La Politique des choses*, Navarin, 2005.

un critère à évaluer mais au regard de ces fonctions uniquement sous peine de glisser vers une évaluation de leur personnalité[31] ». Ne croyons pas que la frontière soit facile à tracer. Un an après avoir retoqué le système d'évaluation du groupe Wolters Kluwer, fondé sur le focus client, la création de valeur, l'intégrité, l'innovation, la responsabilité et le travail en équipe, le même tribunal de grande instance de Nanterre validait le système d'évaluation d'Alstom fondé sur l'initiative, la décision, la créativité, la planification, l'organisation, l'orientation vers le résultat, l'animation d'équipe, l'esprit d'équipe, le relationnel et la communication. Motif de la décision, ces critères servent à examiner les défauts et les qualités du salarié dans la perspective d'un meilleur exercice du travail[32].

Pourquoi cette intrusion croissante des entreprises dans la personnalité de leurs salariés[33] ? Sont en cause les nouvelles méthodes de management, l'individualisation des rapports de travail ou encore l'essor du travail intellectuel, mais aussi, quoique ce facteur soit moins connu, de profonds changements dans la construction des emplois.

Les emplois sont en principe définis au sein des grilles de classification conventionnelles. La classification, c'est la description et la hiérarchisation des emplois, dans le

31. Trib. grande instance, Versailles, 28 octobre 2010, n° 10/00270.

32. Trib. grande instance, Nanterre, 5 septembre 2008, 08/05737, Wolters Kluwer ; Nanterre, 20 novembre 2009, n° 09/09717, Alstom Power System.

33. V. de Gaulejac, *Travail, les raisons de la colère*, Seuil, 2011, p. 255.

but de définir les tâches et la rémunération du salarié. Concrètement, le contrat du salarié indique une qualification (secrétaire, comptable...). Pour déterminer les tâches qu'un employeur peut lui imposer, la faculté qu'il a de le déplacer d'un poste à l'autre, et le salaire minimum auquel ce dernier peut prétendre, l'employeur se reportera à la classification figurant dans la convention collective applicable. Il n'est d'ailleurs pas rare qu'un salarié soutienne devant les tribunaux que les tâches qui lui sont confiées ne correspondent pas à sa qualification et qu'il doit donc être « requalifié » avec le niveau de salaire correspondant.

Jusqu'au début des années 1970, les classifications reposaient principalement sur une définition objective et précise des postes. Dans ce type de grilles, dites « Parodi » du nom du ministre du Travail et de la Sécurité sociale du premier gouvernement de Gaulle, le travail est dissocié de la personne et l'employeur n'a guère d'espace pour juger la personnalité de ses salariés. Bien qu'elle n'ait pas disparu, cette approche est concurrencée par des grilles aux contours plus subjectifs, car fondés non plus sur le poste de travail mais sur la compétence ou les qualités attendues du salarié : autonomie, responsabilité, formation, expérience, motivation, capacités relationnelles. Pour l'entreprise, cela signifie davantage de souplesse puisque dès lors que les compétences requises pour le poste A sont identiques à celles requises pour le poste B, le changement ne nécessite pas l'accord du salarié. Pour ce dernier, cela signifie des exigences renforcées en termes de comportement et contribue à étendre un peu plus l'engagement qui lui est demandé dans son travail. Un engagement qui touche la personne même du salarié, bien au-delà de l'exécution des tâches convenues lors de la conclusion du contrat de travail.

Difficile, au vu de ces multiples manifestations du pouvoir patronal, de plaider pour la sortie du salariat ! Et pourtant...

L'impossible sortie du salariat

LA CHASSE AUX FAUX INDÉPENDANTS

Pourquoi soumettre au droit du travail des travailleurs prêts à être recrutés en tant qu'indépendants ? Pourquoi refréner les entreprises qui, réticentes à embaucher, affirment être prêtes à faire appel à davantage de travailleurs indépendants si elles sont certaines de ne pas risquer une requalification en contrat de travail ? En contexte de chômage, l'argument ne manque pas de poids et a conduit certains pays, comme la Pologne, à recourir massivement aux contrats de droit civil, dépourvus de protection spécifique.

Fort heureusement, le droit français résiste, pour le moment tout au moins, aux nombreuses stratégies d'évitement du salariat. Des stratégies destinées pour la plupart à éluder les règles sociales : paiement des charges, coût des procédures et des indemnités de licenciement...

Les arrangements des parties sont, en droit, impuissants à priver le salarié de la qualification qui résulte des conditions de fait dans lesquelles la prestation de travail est exécutée. Dit autrement, tout travailleur qui estime remplir les conditions du salariat peut, quels que soient les termes de son contrat, saisir le juge d'une demande de requalification en contrat de travail.

C'est ce principe, dit de « réalité », qui est à l'origine de la condamnation de TF1 dans l'affaire de L'île de la tentation[34]. Le fait d'avoir signé, avant leur départ sur l'île, un document intitulé « règlement participants » n'a pas empêché les candidats d'obtenir sa requalification en contrat de travail.

Le pouvoir du juge de requalifier le contrat n'empêche pas les stratégies d'évitement de prospérer et de se sophistiquer.

Même si des affaires retentissantes ont éclaté par le passé à propos de l'utilisation par certaines chaînes d'hôtel (notamment B&B) du statut d'agent-mandataire en lieu et place du salariat, l'essentiel des stratégies d'évitement se concentre aujourd'hui sur le statut d'auto-entrepreneur. L'auto-entrepreneuriat, c'est désormais un million de personnes, un chiffre d'affaires de 5 milliards d'euros, mais seulement 0,23 % du PIB et des revenus inférieurs au Smic pour 90 % d'entre elles. Selon un rapport récent, il n'est pas rare de voir un employeur proposer à ses salariés de

34. Cour de cassation, chambre sociale, 3 juin 2009, n° 08-40981.

salariés pour la création ou la reprise d'une entreprise et celle, frauduleuse, visant à disposer d'une main-d'œuvre non salariée tout en maintenant, dans les faits, le lien de subordination.

Même si des contrôles existent, par les agents de l'Urssaf ou les inspecteurs du travail, et si le spectre d'une condamnation pénale pour travail dissimulé en dissuadera plus d'un, combien d'indépendants passent à la trappe, parce qu'ils n'ont pas connaissance ou conscience de leurs droits, ou parce qu'ils s'entendent avec leur employeur pour rester en marge du salariat ? À côté des professionnels hautement qualifiés qui décident en connaissance de cause d'entreprendre à leur propre compte, nombre de travailleurs ne se trouvent dans le statut d'indépendant que dans le but d'optimiser les charges financières et administratives de leur donneur d'ordre. Le schéma est malheureusement bien connu : un candidat à l'embauche, en fin de droits au chômage, propose sa candidature spontanée. L'entreprise accepte de l'accueillir, mais uniquement s'il est expressément stipulé que ce sera en tant que travailleur indépendant ou si le postulant passe par une société de portage salarial.

Toute brèche faite au principe de réalité est à proscrire parce que c'est le retour en force du pouvoir de négocier que le droit du travail a tout fait pour chasser, en limitant la faculté de renonciation du salarié aux règles protectrices que lui offre son statut. Le droit du travail perd son âme si la qualification du contrat de travail entre dans le jeu des négociations, et devient tributaire du pouvoir de négocier. C'est ce qu'ont fait, en 2013, les Britanniques avec le contrat de salarié actionnaire. Outre-Manche, salariés et employeurs peuvent désormais, pour une même prestation de travail, réalisée selon les mêmes conditions, choisir entre deux statuts différents : d'un côté, le contrat de travail classique, de l'autre le contrat de salarié actionnaire. Dans le second cas, le salarié se voit attribuer des actions gratuites pour un montant minimum de 2 000 livres, exonérées fiscalement, en contrepartie de quoi il renonce à un certain nombre de garanties essentielles conférées par le droit du travail, dont la protection contre le licenciement injustifié.

VERS DE NOUVELLES PROTECTIONS ?

Lutter contre les stratégies d'évitement du salariat n'interdit pas de le faire évoluer afin qu'il réponde mieux aux aspirations de la société actuelle. S'il faut lutter sans merci contre le faux travail indépendant, la question se pose en effet de modifier les frontières du salariat. Le lien de subordination doit-il être maintenu comme seul et unique critère du salariat ? Le moment n'est-il pas venu de prendre acte de ce qu'un nombre croissant de salariés sont vis-à-vis de leur employeur dans un rapport de pouvoir ou de dépendance, qui ne se confond pas avec la subordination ?

La jurisprudence française a fait un effort en ce sens en consacrant, depuis les années 1970, le critère du service organisé, avec l'idée que le travailleur salarié n'est pas seulement celui à qui on impose des ordres et des directives, selon l'acception classique de la subordination. Il est aussi celui qui, sans être soumis au pouvoir de direction d'autrui, se voit imposer ses horaires de travail, son lieu de travail, est tenu d'utiliser le matériel de l'entreprise... Ce critère a permis de suppléer l'absence de subordination, au sens classique du terme, pour les médecins, enseignants du privé, moniteurs, professionnels de la comptabilité et autres avocats. D'une tout autre portée est le critère de la dépendance économique qui après avoir été écarté au début du XXe siècle au profit de la subordination, refait surface. C'est l'idée qu'une personne peut être titulaire d'un contrat de travail lorsque, tout en étant indépendante dans l'exécution de son contrat, elle est dépendante d'une entreprise tierce pour sa survie économique, en particulier lorsque cette entreprise est son seul et unique client. Le contentieux des chauffeurs de taxi est emblématique du retour au premier plan de ce critère, avec des requalifications de contrats de location de taxis en contrats de travail[40].

Force est néanmoins de reconnaître que l'élargissement du salariat aux situations de dépendance économique est loin de faire l'unanimité. Pour certains, il faut, tout au contraire, fermer les portes du salariat à ces travailleurs économiquement dépendants, quitte à créer

40. C. Padych, « Le lien de subordination : la clé de voute du contrat de travail », *L'Express.fr*.

des statuts intermédiaires entre salariat et travail indépendant. C'est ce qu'ont fait l'Italie, l'Espagne et l'Allemagne, avec l'adoption de statuts, notamment celui de travailleur parasubordonné, offrant à leurs bénéficiaires un certain nombre de garanties (préavis, indemnités de rupture, protection sociale), sans pour autant appliquer l'intégralité du droit du travail. L'idée a également germé de créer un droit de la dépendance économique, qui rassemblerait dans une seule et même législation l'ensemble des contractants économiquement dépendants, en particulier salariés, franchisés, locataires et consommateurs[41]. Avec le risque, comme chaque fois que l'on cherche à trop élargir le champ d'une législation, d'appauvrir son contenu.

Si l'on poursuit sur ce chemin, on arrive à des thèses très en vogue, qui ont pour point commun de raisonner dans un cadre plus vaste que celui d'un contrat de travail isolé. L'objectif n'est plus ici principalement de mieux épouser les nouveaux visages de la subordination mais de pallier la pénurie d'emplois en développant des protections indépendamment de la possession d'un emploi. Les propositions concrètes sont nombreuses, de la promotion du travail non marchand (gratuit, domestique...) dans l'agenda de l'OIT sur le travail décent au « contrat d'activité » du rapport Boissonnat, en passant par l'état professionnel des

41. P.-H. Antonmattei, J.-C. Sciberras, *Le Travailleur économiquement dépendant, quelle protection ?*, Rapport remis au ministre du Travail, novembre 2008.

personnes du rapport Supiot[42], la sécurité sociale professionnelle, ou la flexisécurité encouragée par la Commission européenne. Les plus ambitieuses, qui sont aussi les plus stimulantes, rattachent les protections, non plus à l'emploi mais à la personne, qui se verrait accorder des garanties (continuité des revenus, portabilité des droits, formations) indépendamment des vicissitudes de la vie professionnelle.

Ces pistes trouvent un fort écho dans les réflexions sur la fin du travail[43] ou sur le déclin de la valeur du travail dans nos sociétés[44], qu'illustre de manière caricaturale le remplacement d'agents d'embarquement par des versions hologrammées dans trois aéroports du monde, dont celui d'Orly. Même s'il faut se garder de toutes les ranger dans le même panier, et si certaines d'entre elles entendent cumuler protection des salariés et sécurité du parcours professionnel, cette idée selon laquelle les protections ne doivent plus être essentiellement liées à la possession d'un emploi est porteuse de profondes remises en cause. Il ne faudrait pas qu'en désacralisant le salariat qui deviendrait un état parmi d'autres dont la rupture ne serait qu'un passage – presque indolore – dans la carrière d'un individu, la protection accordée aux titulaires d'un emploi

42. A. Supiot (dir.), *Au-delà de l'emploi*, Flammarion, 1999.

43. J. Rifkin, *La Fin du travail*, La Découverte, 1996 ; W. Bridges, *La Conquête du travail*, Village mondial, 1995 ; R. Sue, *Temps et ordre social*, PUF, 1995.

44. D. Méda, *Le Travail, une valeur en voie de disparition*, Flammarion, « Champs », 1998.

apparaisse moins nécessaire, presque moins légitime. Ce n'est pas un hasard si les partisans de la flexisécurité prônent, comme corollaire de la sécurisation des parcours professionnels, une libéralisation du licenciement. Après tout, et en forçant un peu le trait, les salariés n'ont rien à perdre dès lors que les sécurités se situent en dehors de l'emploi, avec un rôle évidemment central joué par le droit de la protection sociale. Même si des précautions sont nécessaires, la problématique soulevée par ces différents travaux ne peut être éludée dans le contexte actuel de chômage massif.

DEUXIÈME PARTIE

L'emploi à tout prix

Invariablement érigée en priorité numéro un par nos gouvernants depuis des décennies, la résorption du chômage est même devenue pour l'actuel président de la République la condition de sa candidature pour un second mandat. Il faut tout faire pour protéger l'emploi de ceux qui en possèdent, et pour en trouver à ceux qui n'en ont pas. Quitte à sacrifier le travail, comme l'a raconté ce grand syndicaliste italien que fut Bruno Trentin[1]...

Ce sacrifice, c'est d'abord un désintérêt politique pour les conditions de travail, qui sont devenues affaire d'experts : ergonomes, psychologues, sophrologues, conseils en capital humain... Pour faire simple, en période de plein-emploi, priorité peut être donnée au travail et aux conditions dans

1. B. Trentin, *La Cité du travail*, Fayard, 2012.

lesquelles il est exercé. En période de crise, le curseur se déplace vers l'emploi. Rappelons, même si les mots travail et emploi sont souvent employés l'un pour l'autre, que le travail est l'activité exercée par le travailleur (peindre, cuisiner, conseiller...), l'emploi le statut au titre duquel cette activité peut être exercée. Lorsque ladite activité s'inscrit dans le cadre d'un contrat de travail on dira en effet que celui qui l'effectue est titulaire d'un emploi salarié.

Il n'est qu'à regarder les dernières grandes réformes, celle de 2008 sur la modernisation du marché du travail, celle de 2013 sur la sécurisation de l'emploi[2], celles de 2014 sur la formation professionnelle et l'assurance-chômage (nouvelle convention d'assurance-chômage) pour comprendre que l'emploi est depuis de nombreuses années la préoccupation première, reléguant le travail au second plan. On cherche à améliorer le fonctionnement du marché du travail (droits rechargeables, portabilité de la couverture santé et prévoyance, promotion de la négociation sur l'emploi, accès à Pôle emploi en cas de rupture conventionnelle, etc.) afin de faciliter l'entrée dans l'emploi et de limiter l'impact de la sortie de l'emploi.

2. La loi de sécurisation de l'emploi du 14 juin 2013 fait suite à l'adoption, quelques mois plus tôt, d'un accord national interprofessionnel. Parmi ses mesures les plus emblématiques figurent la généralisation de la couverture complémentaire santé, la taxation des CDD courts, la création des accords de maintien de l'emploi, la modification du droit du licenciement pour motif économique ou encore l'adoption d'une durée minimale pour les emplois à temps partiel.

Aussi légitime que soit l'objectif poursuivi, ce serait se voiler la face que de voir dans la priorité donnée à l'emploi un simple désintérêt pour le travail. Le discours sur l'emploi nourrit une critique féroce du droit du travail, accusé d'être l'une des causes du chômage[3].

Selon une thèse aujourd'hui très répandue, la protection de ceux qui ont un emploi serait un handicap pour trouver un emploi à ceux qui en sont privés, avec en germe une opposition lourde de sens entre « insiders » et « outsiders », entre salariés et chômeurs. Une opposition d'autant plus délicate qu'elle conduit à opposer un impératif social (la protection des salariés) à un autre impératif social (la lutte contre le chômage). On n'est plus ici dans l'habituelle opposition entre l'économique et le social, entre employeurs et salariés, sur laquelle s'est construit le droit du travail, de même que le mouvement syndical.

Le droit du travail, qu'il s'agisse du droit du licenciement, des salaires minima, des seuils d'effectifs, des jours fériés, voire du système prud'homal[4], aurait un effet dissuasif sur l'embauche. La création du contrat nouvelles embauches au milieu des années 2000, le récent appel du président du Medef en faveur d'un Smic intermédiaire ou de l'ancien directeur de l'Organisation

3. T. Clay, *Les Lois du sarkozysme*, Odile Jacob, 2013, spéc. p. 33 et s.

4. S. Schulze-Marmeling, « Les conseils de prud'hommes : un frein à l'embauche ? », *Connaissance de l'emploi*, Centre d'études de l'emploi (CEE), mars 2014.

mondiale du commerce en faveur de petits boulots payés en dessous du salaire minimum, la proposition d'un contrat de travail unique, la remise en cause du repos dominical ou encore la suspension des seuils sociaux, sont tous présentés comme des réponses au problème de l'emploi. Les entreprises embaucheraient plus volontiers si elles pouvaient recourir sans restrictions au CDD, si elles savaient que le droit du licenciement, le droit syndical, le droit des comités d'entreprise ou le salaire minimum ne leur sont pas applicables ! Une philosophie relayée par la Commission européenne qui, dans son *Livre vert : moderniser le droit du travail pour relever les défis du XXIe siècle*, affirmait que « des conditions de travail trop protectrices peuvent décourager les employeurs de recruter[5] » ou par la Banque centrale européenne qui a fait de la flexibilisation des marchés du travail (niveaux de salaires, décentralisation de la négociation collective, règles de protection de l'emploi, etc.) une condition d'obtention des aides de l'Europe aux pays en difficultés (Grèce, Irlande, Portugal, etc.).

Que reproche-t-on, au fond, au droit du travail ? Sa rigidité, son caractère excessivement protecteur, incarnés par un Code du travail qui est passé de 600 articles en 1973

5. Commission européenne, *Livre vert : moderniser le droit du travail pour relever les défis du XXIe siècle*, COM, 2006, p. 5 ; dans le même sens plusieurs études de l'OCDE, not. A. Bassanini, L. Nunziata, D. Venn, « Job protection legislation and productivity growth in OECD countries », *Economic Policy*, 2009, 24 (58), p. 349-402.

à plus de 10 000 aujourd'hui[6] ! Sauf que, contrairement à la croyance commune, ce code est composé d'un grand nombre de règles d'organisation du travail, sans lesquelles une entreprise ne pourrait correctement fonctionner[7]. En effet, une entreprise peut-elle prospérer avec des salariés occupés onze heures par jour, sept jours sur sept, sans leur octroyer de congés payés, sans règles de sécurité, sans un salaire qui leur permette de mener une vie décente et avec le risque d'être licencié du jour au lendemain sans préavis ni indemnité ? C'est la faillite assurée, avec les trois quarts des salariés en arrêt pour burn out ou accident du travail au bout de quelques mois !

Sans aller jusque-là, on peut s'interroger sur la pertinence d'une telle philosophie alors que le lien de causalité entre la réduction des protections et le niveau de chômage reste un inextricable sujet de controverse entre économistes. Les désaccords quant à l'impact potentiel sur l'emploi d'une libéralisation du licenciement, d'un relèvement des seuils sociaux ou de l'ouverture des commerces le dimanche et le soir, en constituent une excellente illustration. Et si création d'emploi il devait y avoir, vers quel modèle d'emploi se dirigerait-on ? Après tout, on peut se dire qu'« un petit boulot, c'est mieux que pas de boulot du

---

6. Sur ces rigidités, voir not. J. Barthélemy, G. Cette, *Refondation du droit social : concilier protection des travailleurs et efficacité économique*, Rapport au Conseil d'analyse économique, 2010.

7. G. Lyon-Caen, *Le Droit du travail, une technique réversible*, Dalloz, 1995.

tout[8] » et qu'il vaut mieux déroger aux protections offertes par le droit du travail, par exemple au Smic, que renoncer à un vivier potentiel d'emplois ! Doit-on se résoudre à promouvoir l'emploi précaire ? Même l'Allemagne, instigatrice des mini-jobs rémunérés 400 euros par mois, est en train de revenir sur cette position et instaure un Smic sur le modèle du Smic français. En bref, l'opposition qui se dessine aujourd'hui entre le travail et l'emploi appelle un examen attentif.

La flexibilité, entre mythe et réalité

FLEXIBILITÉ TOUS AZIMUTS

Pour rendre les entreprises plus compétitives, et ainsi favoriser la création d'emplois, il faut, nous dit-on, une meilleure adéquation entre la main-d'œuvre et les besoins des entreprises. C'est ce qu'on appelle la flexibilité. À force d'entendre ce discours, on en vient presque à oublier que le droit français lui prête, depuis de longues décennies, une oreille attentive.

La flexibilité touche d'abord le temps de travail. Même si des voix se font encore entendre en faveur de la semaine des quatre jours[9], la loi sur les 35 heures marque sans

8. P. Lamy, à l'occasion de sa proposition pour des « petits boulots » payés en dessous du Smic, *Le Monde*, 2 avril 2014.

9. P. Larrouturou, *Pour éviter le krach ultime*, Nova, 2011.

doute les derniers soubresauts d'un mouvement, entamé dès les premières heures du droit du travail, de réduction du temps de travail. Les temps ne sont plus à la réduction, mais à la flexibilisation du temps de travail qui constitue, aujourd'hui comme hier, la voie privilégiée pour adapter le travail aux besoins de l'entreprise. On ne parle plus de réduction mais d'annualisation, de forfaitisation, de monétisation… Les phénomènes sont sans doute liés, comme le suggèrent les lois Aubry sur les 35 heures qui sont à la fois des lois de réduction de la durée du travail et de flexibilisation du temps de travail. Plus le temps est réduit plus on cherche à le rationaliser ! Du travail de nuit aux conventions de forfait en passant par le changement d'horaires, le temps partiel, les accords de maintien de l'emploi, le travail intermittent, le chômage partiel ou la répartition du temps de travail sur une durée supérieure à la semaine, les outils de flexibilisation foisonnent.

Le droit du temps de travail n'est pas ce droit rigide, qui enfermerait les entreprises dans un carcan dont elles ne pourraient sortir qu'en violant la loi. Les 35 heures sont loin d'être un seuil infranchissable. Pour preuve, une enquête récente de la Dares chiffre à 39,5 heures la durée moyenne hebdomadaire de travail pour les salariés à temps complet[10].

Premièrement, les 35 heures constituent la durée légale, non la durée maximale du travail qui atteint 48 heures, sauf

10. Dares (Direction de l'animation de la recherche, des études et des statistiques), *Analyses*, juillet 2013, n° 047.

exceptions. L'enjeu des 35 heures est essentiellement financier, puisque les heures effectuées au-delà de la durée légale sont, sauf si un repos compensateur est prévu par accord collectif, majorées. On touche ici au slogan « travailler plus pour gagner plus », cher à Nicolas Sarkozy. Derrière ce slogan, qui a conduit à la défiscalisation des heures supplémentaires, il y a l'idée que le surcoût lié aux heures supplémentaires dissuaderait les employeurs de faire travailler leurs salariés au-delà de 35 heures, les privant d'un gain supplémentaire. La défiscalisation n'a pas fait long feu, supprimée lors de l'arrivée de François Hollande au pouvoir ; elle encouragerait les entreprises à faire travailler davantage leurs propres salariés plutôt qu'à en embaucher de nouveaux. En période de pénurie, il faut partager !

Deuxièmement, la loi autorise les employeurs, moyennant la conclusion d'un accord collectif, longtemps dénommé « accord de modulation », à occuper les salariés de l'entreprise au-delà de 35 heures sans majoration. Pour faire simple, au lieu de travailler 35 heures par semaine, le salarié effectuera par exemple 25 heures les semaines creuses, et 45 les semaines de forte activité, sous condition que la moyenne mensuelle ou annuelle soit égale à 35 heures. Sa rémunération sera lissée sans surcoût lorsque la moyenne, sur le mois ou l'année, ne dépasse pas 35 heures. Le législateur a récemment facilité l'utilisation de ce dispositif, signe de l'accueil favorable réservé à la flexibilité du temps de travail. D'abord, la conclusion d'un accord d'aménagement du temps de travail ne suppose plus de justification économique et sociale. Ensuite, prenant l'exact contre-pied de la Cour de cassation, la loi du 22 mars 2012 de simplification du droit a privé le salarié du droit de s'opposer, au moyen de son contrat de travail, à une nouvelle répartition du temps de travail prévue par accord collectif. C'est dire que le retour aux 39 heures, prôné par les uns[11], la suppression de toute durée légale pour ne maintenir que la durée maximale exigée par le droit de l'Union, prônée par les autres[12], doivent être envisagés avec à l'esprit un droit du temps de travail qui a largement ouvert ses portes à la flexibilité.

Une flexibilité qui n'a rien de comparable au contrat zéro heure, création britannique, qui a fait le bonheur de McDonald's et Burger King et, selon certains journaux anglais, de Buckingham Palace. Ces contrats sont ce qui se fait de mieux en termes de flexibilité puisque c'est tout simplement le nombre d'heures travaillées qui est à la discrétion de l'employeur. Conséquence pour le salarié, il peut se retrouver avec zéro heure à la fin du mois, et comme si cela ne suffisait pas, une clause d'exclusivité qui l'empêche de prendre un autre emploi. Même si les exceptions sont nombreuses, on est loin, fort heureusement, de ce genre de dispositif avec le minimum de 24 heures hebdomadaires nouvellement instauré en France pour les temps partiels.

---

11. F. Kramarz, cité par S. Benz, « Intouchables les 35 heures », *L'Expansion*, 1er mai 2014.

12. En ce sens F. Fillon, interview, *Les Échos*, 10 octobre 2012.

La flexibilité touche également la rémunération, avec l'essor de formules de rémunération variable qui font fluctuer les salaires en fonction des performances du salarié, de la situation du marché ou des résultats de l'entreprise. Dès lors que l'entreprise garantit une rémunération au moins égale au Smic, la liberté est la règle.

De même, pas une semaine ne s'écoule sans qu'une revue de droit social ne titre sur la mobilité des salariés, autre forme de flexibilité. En France, contrairement à des pays comme le Japon, la mobilité porte davantage sur le lieu (mobilité géographique) que sur les fonctions (mobilité fonctionnelle), malgré les efforts accomplis en faveur de la formation professionnelle, de la gestion prévisionnelle des emplois et des compétences (GPEC) et la possibilité, depuis 2013, de conclure des accords collectifs de mobilité interne. Même s'ils peuvent porter sur les fonctions, ces accords collectifs ont surtout été conçus pour favoriser le changement du lieu de travail. Ils constituent aujourd'hui une alternative aux traditionnelles clauses de mobilité, en permettant d'organiser la mobilité dans tout ou partie de l'entreprise, moyennant des garanties pour les salariés, relatives notamment à la conciliation entre vie professionnelle et vie personnelle. Autre innovation récente, la mobilité volontaire sécurisée s'inscrit dans une optique de mobilité choisie même si, en obligeant le salarié à obtenir l'accord de son employeur, elle risque fort de n'avoir de volontaire que le nom ! Une fois acceptée, la mobilité volontaire permet au salarié de suspendre l'exécution de son contrat de travail pour occuper un emploi dans une autre entreprise ; si l'expérience n'est pas concluante, il bénéficie d'un droit au retour.

Une donnée supplémentaire doit être intégrée, pour comprendre les difficultés juridiques que la plupart des réformes menées à ce jour au nom de la flexibilité ont rencontrées : le principe de force obligatoire des contrats. En vertu de ce principe phare du Code civil, qui constitue aussi une pièce essentielle du fonctionnement de nos sociétés démocratiques, les contrats ne peuvent être conclus et modifiés qu'avec l'accord des deux parties. La présence d'un accord collectif n'y change rien, l'accord des syndicats ne primant pas, en droit français, sur la volonté individuelle des salariés. L'obstacle est de taille car le salarié peut s'opposer à toute modification affectant un élément essentiel du rapport de travail, que ce soit la qualification, la rémunération, la durée ou, au-delà d'une certaine zone géographique, le lieu de travail. S'il a fallu d'âpres négociations pour finaliser le dispositif des accords de mobilité interne, comme du reste celui des accords de maintien de l'emploi qui posent le même type de problème, c'est en grande partie parce que les partenaires sociaux ne parvenaient pas à s'entendre sur la façon de lever cet obstacle.

La difficulté avait déjà suscité de vifs débats dans les couloirs de l'Assemblée nationale au moment des lois Aubry, lorsque les rédacteurs du projet de loi ont réalisé que les contrats de travail pouvaient mettre en échec le passage négocié aux 35 heures. La crainte de voir les salariés opposer la durée et la rémunération figurant sur leur contrat à l'accord collectif de réduction du temps de travail avait conduit à amender le projet et à créer un licenciement *sui generis*. Il fallait éviter que les refus individuels des salariés obligent les employeurs à engager la procédure de licenciement pour motif économique, normalement applicable à ces hypothèses, et les dissuadent de passer aux 35 heures par la voie négociée.

Un autre choix a été fait, en 2013, à propos des accords de maintien de l'emploi et de mobilité interne puisque, même très allégée, la législation sur le licenciement économique reste applicable. C'est encore une autre solution, particulièrement radicale celle-ci, qui a été adoptée en 2012 pour dissuader les salariés d'opposer un refus à l'accord d'aménagement du temps de travail sur le mois ou l'année. La loi prévoit que la mise en place de ce système ne constitue pas une modification du contrat. Solution qui expose le salarié récalcitrant à un licenciement pour faute ! De tels détours ne seraient plus nécessaires si était consacrée, comme le propose depuis plusieurs années une partie du patronat, la primauté de l'accord collectif sur le contrat de travail. Le salarié qui refuserait un changement prévu par accord collectif serait fautif, peu importe les termes de son contrat. Si l'analyse juridique s'en trouvait simplifiée, peut-on, fût-ce par le biais d'un accord collectif majoritaire, ignorer aussi frontalement la volonté individuelle des salariés et la force obligatoire du pacte qui fonde le rapport de travail ?

VERS LE MODÈLE DE L'EMPLOI PRÉCAIRE ?

Comment disposer d'une main-d'œuvre flexible, dont on peut se séparer quand le besoin ne se fait plus sentir ? Plus de sureffectif à gérer ! L'entreprise dispose d'un salarié rapidement sans être soumise à des procédures contraignantes pour répondre aux variations de la demande et s'en séparer dès que le besoin a disparu. Ici, la flexibilité n'est plus interne, mais externe.

Sur ce chemin, plusieurs voies peuvent être suivies qui, toutes, mènent à une certaine forme de précarité.

Faciliter le licenciement constitue la tendance de nombreux pays européens, que ce soit la libéralisation des raisons économiques, la baisse des indemnités de licenciement et l'abolition de l'autorisation administrative pour les licenciements collectifs en Espagne, le remplacement de la réintégration par des dommages et intérêts en Italie ou la création d'un fonds de compensation destiné à financer les indemnités de licenciement au Portugal. Le Royaume-Uni est allé encore plus loin, avec l'allongement à deux ans de l'ancienneté requise pour que s'applique la législation sur le licenciement et, surtout, la création du contrat de salarié actionnaire, dont la caractéristique principale, comme envisagé plus haut, est la mise à l'écart pure et simple de cette législation.

La France est restée en retrait de ce mouvement, même si le contrat nouvelles embauches (CNE) et le contrat première embauche (CPE), qui permettaient à l'une ou l'autre des parties de rompre librement le contrat pendant les deux premières années, figurent parmi les tentatives les plus ambitieuses de mise au pas du droit du licenciement. Le CNE, réservé aux entreprises de moins de 20 salariés, a connu une existence très courte, condamné parce que contraire à la convention 158 de l'OIT qui requiert un motif valable de licenciement et ne permet d'y déroger qu'en cas de période d'essai d'une durée raisonnable. Le CPE, destiné aux moins de 26 ans, est resté au stade de projet, tué dans l'œuf par la vive opposition des étudiants, lycéens et syndicats qui y voyaient un fort risque de précarisation. Les débats ont bien montré les dangers de la mise à l'écart du droit du licenciement. Ceux dont le contrat peut être rompu sans motif du jour au lendemain risquent fort d'avoir les pires difficultés à obtenir un logement ou un prêt bancaire. Les arguments comparatifs, notamment ceux venus du droit américain qui permet le licenciement *at will*, c'est-à-dire sans motif ni procédure, n'ont pas convaincu. D'une part les États-Unis n'ont pas ratifié la convention 158, d'autre part la liberté de rupture est une situation normale outre-Atlantique si bien qu'un bailleur ou une banque ne refuseront pas de contracter avec un salarié du seul fait qu'il est *at will*.

Source de précarité pour les salariés concernés, la libéralisation du droit du licenciement est-elle capable de réaliser l'objectif que lui assignent les réformateurs, à savoir favoriser les embauches, de surcroît en CDI ?

Les économistes sont partagés quant aux effets sur l'embauche de la réduction des protections, principalement celles afférentes à la rupture[13], comme l'illustrent les controverses autour de l'indicateur dit de protection de l'emploi de l'OCDE[14]. Et, à supposer que le chômage baisse, comment établir un lien de causalité certain avec le droit du travail, alors que ces chiffres peuvent être aussi bien imputés à une meilleure conjoncture économique ? Comment déterminer avec certitude que les emplois créés ne l'auraient pas été si les règles sociales étaient restées inchangées ?

Même si le CPE et le CNE ont fait long feu, la condamnation presque honteuse – pour un pays qui s'estime au-dessus des standards sociaux minimaux – du second sur le fondement de la convention 158 de l'OIT sonne comme un avertissement à ceux qui entendraient mettre à néant le droit du licenciement. À moins que l'on ne cède à la proposition iconoclaste du président du Medef qui en appelle à la dénonciation de ladite convention ! L'avertissement vaut également pour les projets de contrat de travail unique qui ambitionnent de supprimer le CDD au profit d'un CDI unique pouvant être rompu sans motif ni reclassement

13. Voir les débats suscités par l'impact du CNE sur l'emploi, P. Cahuc, S. Carcillo, « Que peut-on attendre des contrats nouvelles embauches ? », *Revue française d'économie*, 2006, 21 (1), p. 37.

14. T. Kirat, « Les indicateurs de protection de l'emploi : la mesure du droit du travail en question ? », *Économie et institutions*, 2006, n° 9, p. 84.

moyennant paiement d'une taxe fondée sur le principe « pollueur/payeur ». Même si l'idée refait aujourd'hui surface, sous l'impulsion de Jean Tirole[15], nouveau prix Nobel d'économie, et de Matteo Renzi qui a fait du contrat de travail unique à protection progressive l'un des piliers de son programme économique pour l'Italie, le contrat unique n'a jusqu'à présent convaincu ni les syndicats français qui ont dénoncé les attaques portées au droit du licenciement, ni le patronat qui a vu d'un mauvais œil la disparition du CDD.

À défaut de ce CDI d'un nouveau genre, les entreprises ont massivement recours au CDD pour mettre en adéquation la durée du contrat avec les besoins de l'entreprise.

En droit, le principe est le CDI. « Le contrat de travail à durée indéterminée est la forme normale et générale de la relation de travail », énonce sans ambiguïté aucune le Code du travail[16]. Comme chacun sait, la réalité des chiffres est tout autre, puisque même si la part des CDI dans l'ensemble de l'emploi salarié fluctue autour de 87 %, plus de quatre cinquièmes des embauches actuelles dans les établissements de plus de 50 salariés se font par contrat à durée déterminée, avec un record historique de 84 % au dernier trimestre 2013[17]. On compte chaque mois, dans les

15. J. Tirole, O. Blanchard, *Protection de l'emploi et procédures de licenciement*, Conseil d'analyse économique, 2003 ; P. Cahuc et F. Kramarz, *De la précarité à la mobilité : vers une sécurité sociale professionnelle*, La Documentation française, 2005.

16. Art. L1221-2 du Code du travail.

17. Dares, *Analyses*, avril 2014, n° 034.

inscriptions à Pôle emploi, une moyenne de huit anciens titulaires d'un contrat court (CDD, intérim) pour un ancien titulaire de CDI licencié pour motif économique, et ce n'est pas la création du CDI intérimaire qui devrait changer sensiblement la donne.

Le modèle du CDI souffre en effet de multiples exceptions. En France, le CDD peut être utilisé pour occuper des tâches ne correspondant pas à l'activité normale et permanente de l'entreprise, et qui épousent l'un des cas suivants : le remplacement d'un salarié, le surcroît temporaire d'activité, le travail saisonnier et l'occupation d'un emploi dans un secteur dans lequel il est d'usage de ne pas recourir au CDI (les « CDD d'usage »).

Même si trop nombreuses sont les entreprises qui, en contradiction avec le Code du travail, font de la succession de CDD un mode normal de gestion du personnel (cas de ce salarié employé sous 94 CDD successifs[18]), on ne peut condamner en bloc le recours à cette forme de contrat qui correspond à une réalité économique et sociale incontestable dans certains secteurs. Comment se passer des CDD d'usage dans la restauration, le sport ou l'audiovisuel ? Les CDI sont-ils appropriés pour les extras recrutés pour le festival de Cannes, sans compter que les intermittents du spectacle dont les 507 heures nécessaires pour bénéficier de l'allocation de retour à l'emploi ne peuvent être prises qu'en CDD ont souvent intérêt à la conclusion

18. Cour de cassation, chambre sociale, 4 décembre 1996, n° 93-41891.

de tels contrats ? Plus que d'une réforme en profondeur, c'est surtout d'un sérieux toilettage dont aurait besoin la législation française, illisible et truffée d'exceptions dont la légitimité commence à être contestée au regard du principe d'égalité devant la loi. Sur le fond, la question de l'allongement de la durée des CDD ne devrait pas être taboue même si l'intérêt de la question est réduit, en France, par le fait que plusieurs types de CDD, à commencer par les CDD d'usage, n'ont pas de durée maximale. Depuis 2008, on a vu la République tchèque permettre des CDD de trois ans, renouvelables deux fois, le Portugal passer de six mois à trois ans, l'Espagne passer à trois ans, avec possibilité d'un an supplémentaire par accord collectif, l'Italie permettre de cumuler cinq CDD d'affilée sur trois ans. Entre les CDD de moins d'un mois, dont le nombre explose en France avec des salariés qui n'ont pas de visibilité sur leur avenir professionnel au-delà de quelques dizaines de jours, et les CDD de longue durée, le degré de précarité n'est pas comparable. Les partenaires sociaux ont d'ailleurs décidé, à juste titre nous semble-t-il, de surtaxer les CDD courts (moins de trois mois). Autre piste à creuser, sous réserve de respecter les spécificités propres à certains secteurs, l'intéressante solution qui consiste, pour les partenaires sociaux (Autriche et Espagne notamment) ou le législateur (Italie[19]), à réglementer la proportion de CDD ou de

19. La loi italienne du 15 mai 2014 prévoit un quota de 20 % de CDD par entreprise.

contrats d'intérim dans l'entreprise. C'est d'ailleurs suivant cette logique que s'appliquent en France, depuis le 1er juillet 2014, des quotas pour le recrutement de stagiaires.

À l'Italie, on doit aussi le contrat de projet qui permet de conclure un contrat de travail pour la réalisation d'un projet, et d'y mettre fin une fois ce projet réalisé sans être lié par une durée définie à l'avance. Quoi de mieux en termes de flexibilité que de conclure un contrat pour une mission ponctuelle et de pouvoir le rompre une fois la mission accomplie ? L'idée a reçu de plus modestes concrétisations en France, avec les dispositifs très ciblés du CDI de chantier et du CDD à objet défini. Elle n'en constitue pas moins un aspect récurrent du débat sur la flexibilité, avec des propositions qui se sont multipliées au fil des ans, du CDI pour tous de l'Institut Montaigne au CDD de projet du rapport de Virville en passant par le CDI de croissance qui, selon la CGPME, prendrait fin dès lors qu'à l'issue d'une période donnée, les objectifs économiques de l'entreprise n'ont pas été atteints. Le Medef n'est pas en reste. Il propose depuis une dizaine d'années la création d'un CDI de projet qui, dans le prolongement des dispositifs cités plus haut, prendrait fin une fois son objet réalisé. Très critiquée, jusqu'aux petits entrepreneurs qui, dans des secteurs comme l'informatique, voyaient d'un mauvais œil la concurrence de ces salariés dont le contrat avait des contours quasi identiques au leur, la proposition a été retirée avant de ressortir en septembre 2014 dans les « propositions pour créer un million d'emplois ».

Le dilemme du travail et de l'emploi

Si on ne baisse pas les rémunérations dans l'entreprise, nous serons contraints de réduire les effectifs ! Acceptez un gel des salaires et la suppression de la prime de treizième mois, et nous nous engageons à maintenir les emplois pendant trois ans ! Salariés et syndicats sont de plus en plus souvent confrontés à cette négociation donnant-donnant, souvent vécue comme un chantage à l'emploi. Le dernier film des frères Dardenne (*Deux Jours, une nuit*), qui montre une jeune femme contrainte de convaincre ses collègues de renoncer à leur prime annuelle de 1 000 euros pour espérer garder son emploi, renvoie ainsi à l'un des thèmes les plus délicats du droit du travail contemporain.

Les accords sur l'emploi sont apparus dans le débat juridique dans les années 1990, avec cette idée de diminuer les avantages prévus par la convention collective en contrepartie d'un engagement de maintien des emplois ou du site de production. Il faudra attendre les années 2000 pour qu'ils prennent leur véritable essor, avec l'emblématique accord chez Bosch Vénissieux. Signé en mai 2004 par la CFDT et la CFE-CGC, cet accord prévoit, en échange d'un engagement de maintien de l'emploi, 36 heures de travail hebdomadaires payées 35 par le biais d'une suppression de jours de réduction du temps de travail (RTT), une modération salariale pendant trois ans et une réduction de la majoration des heures de nuit. L'Italie a connu, en 2011, les très controversés accords Fiat, qui permettent d'augmenter la durée du travail et de flexibiliser les horaires en réduisant les temps de pause et en augmentant les heures supplémentaires, en échange de garanties en termes d'emplois et d'investissement. En France, un certain nombre d'entreprises ont conclu des accords sur l'emploi ces dernières années, de Continental à Dunlop en passant par Goodyear, Poclain Hydraulics ou General Motors. Ces accords bénéficient désormais de l'encouragement du législateur qui, depuis la loi de sécurisation de l'emploi, leur consacre un cadre juridique spécifique.

Conclus dans un contexte de difficultés conjoncturelles graves, les accords dits de « maintien de l'emploi » permettent de modifier le salaire et la durée du travail pendant une période ne pouvant dépasser deux ans, moyennant un engagement lui aussi temporaire de maintien de l'emploi. L'exigence d'un accord collectif majoritaire a pour contrepartie une capacité réduite de refus individuel des salariés. Si, comme nous l'avons vu, ceux-ci conservent le droit de dire « non », cette capacité est bien théorique. Leur licenciement est en effet grandement facilité. D'abord, la formule utilisée par le législateur (le licenciement « repose » sur un motif économique) ne permet pas d'affirmer avec certitude que le salarié récalcitrant peut contester le motif de son licenciement. Ensuite, alors même que des centaines de salariés refuseraient, il reste un licenciement économique individuel, ce qui dispense l'employeur de mettre en place un plan de sauvegarde de l'emploi et d'ouvrir une procédure d'information-consultation.

S'il est trop tôt pour parler d'échec, force est de constater que plus d'un an et demi après leur consécration par la loi, seule une poignée d'accords de maintien de l'emploi ont été conclus. Obtenir un accord majoritaire sur un dispositif qui aboutit à diminuer les rémunérations n'est pas chose aisée, ce d'autant plus que les syndicats risquent d'être dissuadés par les premiers accords conclus. Dans le cas de Behr France, l'employeur avait proposé comme alternative à son plan de sauvegarde de l'emploi, qui prévoyait la suppression de 102 emplois, la négociation d'un accord de maintien de l'emploi, accepté par l'ensemble des syndicats de l'entreprise ; 162 salariés ont refusé et ont été licenciés. Si bien que le résultat est de 162 licenciements individuels alors que l'objectif était d'en éviter 102. Les syndicats avaient déjà été échaudés par l'échec de l'accord Continental, à Clairoix, qui avait vu l'usine fermer en 2010 alors qu'un accord passé en 2007 prévoyait le maintien des emplois pour cinq ans.

Il est vraisemblable qu'un certain nombre d'entreprises resteront en marge du dispositif et négocieront de simples accords de compétitivité, quitte à devoir mettre en place un plan de sauvegarde de l'emploi si 10 salariés refusent. Dans ce type d'accords, l'engagement de l'entreprise se résume à maintenir un site de production ou à investir dans de nouveaux produits. Elle ne s'engage pas formellement à ne pas licencier. L'exemple parfait est l'accord PSA, conclu le

24 octobre 2013, c'est-à-dire après l'entrée en vigueur de la loi de sécurisation de l'emploi. Il prévoit, en échange d'un certain nombre de concessions des syndicats (gel des salaires, flexibilité accrue du temps de travail, diminution des RTT...), une promesse de ne pas fermer d'usines jusqu'en 2016, d'augmenter la production sur les sites et de lancer un nouveau modèle sur chaque site d'assemblage. Le cas PSA n'est pas isolé. Renault a conclu le même type d'accord trois mois avant l'entrée en vigueur de la loi de sécurisation de l'emploi.

Les difficultés juridiques posées par ces accords se prolongent sur le terrain politique. Ils poussent en effet à son paroxysme la tension entre le travail et l'emploi, en mettant au jour ce qu'on peut appeler le dilemme du travail et de l'emploi.

Difficile position que celle des syndicats, amenés à choisir, au nom des salariés de l'entreprise, entre le maintien de l'emploi pendant un ou deux ans, et une baisse des salaires sur une période équivalente, sachant que le risque d'un plan de licenciement à l'expiration du délai est bien réel ! Position d'autant plus délicate que leur représentativité dépend désormais du verdict des urnes[20]. Comment réagiront les salariés au moment de renouveler la représentation syndicale si, trois mois après que tel syndicat a

20. Depuis une loi du 20 août 2008, tout syndicat, pour être représentatif et pouvoir conclure des accords collectifs, doit réunir, selon le niveau de négociation, 10 ou 8 % des suffrages lors des élections professionnelles.

refusé de signer l'accord de maintien de l'emploi, l'entreprise annonce que faute d'accord elle est contrainte de fermer un site et de licencier l'ensemble de ses salariés ? Avec parfois un référendum favorable à la conclusion de l'accord, organisé par la direction, plus exceptionnellement par un syndicat qui veut asseoir sa position sur le vote des salariés de l'entreprise, comme ce fut le cas de la CFTC à l'usine Continental de Clairoix. La négociation sur l'emploi est en effet l'un des terrains de prédilection du référendum en droit social, dont le recours se justifie d'autant plus que syndicats et salariés ont souvent les pires difficultés à identifier où se situe l'intérêt collectif dans un contexte de menace sur l'emploi. Position délicate en effet, sur fond de pétition, que celle de la CGT et de la CFDT dans les usines Continental de Toulouse, Boussens et Foix, qui en 2010 ont exercé leur droit d'opposition contre un accord qui avait reçu 52 % d'opinions favorables auprès des salariés et promettait le maintien de l'emploi pendant au moins cinq ans en échange de sacrifices sur les rémunérations et les jours de congé liés aux 35 heures. Tensions tout aussi fortes la même année dans l'usine General Motors de Strasbourg où des militants de la CGT avaient été pris à partie par des collègues, suite au refus de l'organisation syndicale de signer un accord prévoyant la préservation de l'emploi pendant trois ans en contrepartie de sacrifices sur les salaires (gel des salaires, suppression de jours de RTT, renoncement sur trois ans à l'intéressement). Projet approuvé par 70 % des salariés.

Les tensions entre le travail et l'emploi ne sont pas réservées aux accords sur l'emploi. On les retrouve dans le débat ô combien tendu sur le travail de nuit, incarné par le combat de Sephora pour ouvrir après 21 heures et celui, qui l'a été tout autant, sur le repos dominical dans les enseignes de bricolage. Faut-il privilégier les conditions de travail, et limiter autant que possible le recours au travail de nuit ainsi que les dérogations au repos dominical ou, au nom de l'emploi (sachant que de fortes réticences sont émises quant à l'impact de telles mesures sur l'emploi, du fait notamment du pouvoir d'achat limité des ménages[21]) et de l'intérêt individuel de salariés qui veulent gagner plus, assouplir la législation ? Le dilemme est tout aussi difficile que sur les accords de maintien de l'emploi, avec de fortes tensions entre salariés et syndicats comme l'illustrent les cas de la CGT chez Monoprix ou de l'intersyndicale du commerce chez Apple, obligées de se justifier de leur opposition au travail de nuit par communiqué de presse. Et plus encore celui de l'action en justice dirigée par les salariés de Sephora contre l'intersyndicale !

Poser le dilemme du travail et de l'emploi est d'autant plus important aujourd'hui qu'aussi essentielle que soit la lutte contre le chômage, toute la législation ne peut être passée au crible de ce seul objectif. Le débat autour du

21. Sur cette question, P. Moati, L. Pouquet, *L'Ouverture des commerces le dimanche*, Crédoc, 2008 ; P. Artus, P. Cahuc, A. Zylberberg, *Temps de travail, revenu et emploi*, La Documentation française, « Rapport du Conseil d'analyse économique », 2007.

travail dominical et du travail de nuit n'est pas seulement un débat sur l'emploi, tant les enjeux sur le terrain de la vie personnelle et, pour le second, sur celui de la santé, sont importants. De la même manière, les regards très sévères portés par certains sur les 35 heures ne seraient-ils pas plus nuancés si, aux côtés de l'objectif de création d'emplois, était pris en compte celui, tout aussi présent lors de l'adoption des lois Aubry, de développement du temps libre ? Autre exemple, celui du crédit d'impôt pour la compétitivité et l'emploi (CICE) qui, deux ans après son entrée en vigueur, n'est plus présenté par le ministre des Finances comme un dispositif de lutte contre le chômage. À moins de conditionner la réduction du coût du travail ou tout autre avantage social ou fiscal à des embauches, comme cela avait été envisagé pour le pacte de responsabilité, rien ne permet, il est vrai, de garantir que les entreprises s'en serviront pour embaucher et pas simplement pour augmenter leurs marges ou réinvestir sans créations de postes à clé.

Le point de non-retour

ATTENTION DANGER !

La santé et la sécurité des personnes n'ont pas de prix. Nul objectif, aussi légitime soit-il, ne saurait justifier qu'on les brade. Admettrait-on que la compétitivité des entreprises soit mise en balance avec l'intégrité physique et mentale des personnes humaines ? Les salariés ne sont pas des machines que l'on peut déplacer au gré des nécessités de production, éteindre et rallumer en fonction des besoins, réparer lorsqu'elles ne fonctionnent plus[22]. À force de tirer sur la corde, pour obtenir davantage de flexibilité, on finit par la casser, comme l'illustre l'augmentation des troubles musculo-squelettiques et des risques psychosociaux (stress, burn out, dépression, tentative de suicide...).

Le retour au premier plan des questions de santé et sécurité, et avec elles de la question du travail, s'accompagne d'une redéfinition de la santé au travail. Lorsqu'au milieu du XIXe siècle étaient adoptées les premières lois sociales, la santé ne s'entendait que physique. Depuis que médecins, sociologues, sophrologues, psychologues dénoncent les risques psychosociaux en entreprise, le droit français a pris acte de la dimension mentale de la santé au travail[23]. Pour reprendre la définition de l'OMS, la santé est un « état de complet bien-être physique, mental et social qui ne se réduit pas à l'absence de maladie ou d'infirmité[24] ».

Législateur et juges ont pris acte de cet état de fait.

Par une profusion de règles tout d'abord. Le droit de la santé et de la sécurité, ce n'est plus seulement une

---

22. G. Friedmann, *Le Travail en miettes*, Gallimard, 1956.

23. C. Dejours, *Souffrance en France. La banalisation de l'injustice sociale*, Seuil, 1998.

24. Préambule à la Constitution de l'OMS, adopté les 19-22 juin 1946 par la Conférence internationale sur la santé de New York.

réglementation technique, qui va jusqu'à définir la taille des bouches d'aération, le nombre de vêtements dans les armoires, la quantité d'urinoirs, etc. Ce sont aussi des mécanismes de portée plus générale, destinés notamment à lutter contre les risques psychosociaux.

Le harcèlement moral, c'était, avant que le législateur le consacre en 2002, une notion psychologique, certes connue d'autres législations (la Suède l'avait accueillie dès 1977) mais qui ne paraissait pas destinée à devenir le concept juridique que l'on connaît aujourd'hui. Sa consécration légale s'est d'ailleurs heurtée à de vives oppositions. Juridiques pour ceux qui considéraient que les mécanismes existants, notamment l'obligation de bonne foi, permettaient d'ores et déjà de le sanctionner, et qu'un concept aussi subjectif engendrerait un contentieux non maîtrisable. Politiques pour ceux qui voyaient dans le harcèlement moral une psychologisation du social susceptible d'occulter la dimension collective et organisationnelle de la souffrance au travail[25]. Dit autrement, l'accent mis sur le harcèlement participerait d'un traitement individuel des problèmes sociaux, peu compatible avec l'esprit du droit du travail. Favorisé par la médiatisation des travaux de la psychanalyste Marie-France Hirigoyen, le concept de harcèlement moral est désormais bien ancré dans le droit du travail, sans que les craintes exprimées au départ se soient

---

25. J.-P. Le Goff, « Que veut dire le harcèlement moral ? Vers un nouvel imaginaire des rapports sociaux », *Le Débat*, 124, mars-avril 2003.

véritablement concrétisées. Sa dimension individuelle a été atténuée par la reconnaissance du harcèlement managérial. Le harcèlement peut aujourd'hui découler d'une organisation pathogène et concerner une collectivité de salariés. Quant au risque de condamnation systématique des entreprises, il n'est pas avéré en pratique, la preuve du harcèlement moral étant difficile à apporter, même si le législateur a aménagé les règles probatoires en faveur de la victime.

Au harcèlement, il faut ajouter l'obligation de sécurité qui, en France, a des contours très stricts puisque, contrairement à la *duty of care* britannique (devoir de diligence), elle est de résultat. Il ne suffit donc pas pour l'employeur de mettre en œuvre tous les moyens pour assurer la santé et la sécurité des salariés ; le risque ne doit tout simplement pas se réaliser. Cette obligation a pris son envol en droit du travail avec l'affaire de l'amiante, en permettant aux victimes d'obtenir la reconnaissance d'une faute inexcusable[26]. Une faute qui, rappelons-le, leur permet d'obtenir une indemnisation complémentaire par rapport à celle, forfaitaire, accordée au titre de l'accident du travail et de la maladie professionnelle. Aujourd'hui, le domaine de l'obligation de sécurité dépasse, de loin, le contentieux en reconnaissance de la faute inexcusable. Rien ne lui résiste, de la rupture du contrat de travail à la surcharge de travail en passant par les restructurations ou encore le simple « sentiment d'insé-

26. Cour de cassation, chambre sociale, 28 févr. 2002, n° 99-17.201.

curité[27] ». Elle va jusqu'à régir les primes de rendement au kilomètre des chauffeurs routiers, aujourd'hui reconnues comme susceptibles de créer des risques pour leur sécurité et celle des tiers[28].

Surtout, l'obligation de sécurité permet de traiter sur le terrain de la santé et de la sécurité des problématiques qui, par le passé, ne pouvaient l'être que sur le terrain économique. Alors que les plaideurs avaient pris l'habitude de résister aux changements organisationnels en invoquant des arguments économiques, en particulier l'absence de justification économique, ils se déplacent de plus en plus sur le terrain de la santé et de la sécurité[29].

Avec un succès certain car le principe de « l'employeur seul juge » qui limite les possibilités d'immixtion des juges dans la gestion de l'entreprise n'a pas lieu d'être lorsque la santé des salariés est en jeu. Pour preuve, l'infarctus du rédacteur en chef d'une revue a pu être imputé à un plan de réduction des effectifs ayant entraîné chez les salariés restants une surcharge de travail[30].

Le phénomène le plus marquant, de ce point de vue, est la reconnaissance de l'impact possible des techniques de management sur la santé des salariés. La mise en place

27. Cour de cassation, chambre sociale, 6 octobre 2010, n° 08-45.609.

28. Cour de cassation, chambre sociale, 13 novembre 2003, n° 01-46075.

29. F. Champeaux, S. Foulon, *Dernier Recours*, Seuil, 2012, p. 204 et s.

30. CA Paris, Pôle 6, ch. 12, 30 juin 2011, n° 10/05831.

d'un système d'évaluation du personnel basé sur des entretiens individuels oblige à consulter au préalable le Comité d'hygiène, de sécurité et des conditions de travail (CHSCT) en raison de la pression psychologique qu'il est susceptible de générer[31]. À plusieurs reprises, les tribunaux ont considéré que le recours au *lean management* qui vise à éradiquer, avec le concours des travailleurs, toute forme de gaspillage (temps morts, coûts superflus, stocks inutiles) justifiait une expertise du CHSCT du fait de son impact sur les rythmes de travail[32]. Le *benchmarking* est lui aussi sous le joug du droit à la santé et à la sécurité. Tout en refusant de le condamner par principe, la cour d'appel de Lyon en dresse un portrait particulièrement explicite : « Chaque agence ou collaborateur est suivi, contrôlé par l'employeur mais a une connaissance journalière de son positionnement personnel par rapport aux autres en termes de performances et se trouve classé avec indication de sa progression ou de sa régression dans ce classement, créant un climat de compétition permanente entre les commerciaux, les agences, les régions[33]. » Le *forced ranking*, ou classement par quotas, suscite la même réserve de la part des tribunaux. Inventé par la firme américaine General Electrics, ce système consiste à classer les

---

31. Cour de cassation, chambre sociale, 28 novembre 2007, n° 06-21.964.

32. Trib. grande instance, Nanterre, 6 janvier 2012, Capgemini Technology Services ; Pontoise, 18 février 2011, Atos intégration.

33. CA Lyon, chambre sociale C, 21 février 2014, n° 12/06988.

salariés selon un système de quotas (par exemple 20 % notés A, 65 % notés B, 15 % notés C) avec pour effet, au bout d'un ou deux ans, de mettre à la porte ceux qui se maintiennent en rang C. Possible dans le système américain de l'*employment at will* qui ne contrôle pas, sauf exceptions, le motif de rupture du contrat de travail, ce licenciement par quotas ne l'est pas en France. Le management par le stress a bien d'autres manifestations dont certaines sont potentiellement attentatoires à l'obligation de sécurité qui pèse sur l'employeur. Pour illustration, la pratique subie par certains vendeurs, du taux de transformation ou du « panier moyen ». La première consiste à mesurer en temps réel le pourcentage de visiteurs qui achètent, la seconde à mesurer en temps réel le montant moyen du ticket de caisse !

Moins contraignants en apparence, les principes généraux de prévention sont tout aussi importants. Ils incarnent parfaitement, par leur généralité, le changement de logique qu'a connu le traitement juridique de la santé et de la sécurité au travail. On ne cherche plus, comme par le passé, à prescrire dans le détail ce que l'entreprise doit faire, au moyen d'une réglementation technique, mais à définir des principes, des procédures, des méthodes afin d'éliminer autant que possible les risques en amont. Au nombre de neuf, les principes de prévention comprennent la prévention et l'évaluation des risques, le remplacement de ce qui est dangereux par ce qui l'est moins, la prise en compte de l'évolution de la technique ou encore le principe d'adaptation du travail à l'homme[34]. C'est en effet parmi les principes généraux de prévention que loge ce beau principe, insuffisamment exploité par les juristes. Il exprime cette idée forte selon laquelle ce n'est pas à l'homme de s'adapter au travail mais au travail de s'adapter à l'homme. Expressément associé à la problématique ô combien importante de l'ergonomie, plus précisément, selon les mots du Code du travail, à la conception des postes de travail, au choix des équipements de travail ainsi que des méthodes de travail et de production, ce principe mériterait de figurer en tête du Code tant il exprime bien les dangers liés à l'instrumentalisation de la personne humaine.

Quasi illimités quant à leur portée, il n'est pas surprenant que ces principes se soient invités, aux côtés de l'obligation de sécurité, sur le terrain des restructurations, obligeant les entreprises à identifier les risques psychosociaux en amont de la réorganisation. Un nombre croissant d'entreprises accompagne ainsi leur projet de restructuration d'un plan de prévention des risques psychosociaux[35], sachant que ces risques existent aussi bien en amont, pour ceux qui savent leur emploi menacé, qu'en aval pour ceux qui restent et sont exposés à une surcharge de travail.

---

34. F. Daniellou, P. Davezies, F. Desriaux, L. Théry, « Il faut adapter le travail à l'homme, pas l'inverse », *Le Monde*, 18 décembre 2009 ; A. Supiot (dir.), *Au-delà de l'emploi*, *op. cit.*, p. 127 et s.

35. Voir par exemple Air France-KLM qui a adossé à son plan de restructuration Transform 2015 un plan d'accompagnement « Qualité de vie au travail » destiné, en particulier, à prévenir les risques psychosociaux.

L'objectif d'un tel plan peut être de préparer la consultation du comité d'hygiène, de sécurité et des conditions de travail sur le projet de restructuration, parfois aussi de rendre plus acceptable une réorganisation qui engendre des compressions d'effectifs.

L'affaire Fnac va sans doute pousser les entreprises à développer ce type de démarche et à donner une véritable consistance à des dispositifs qui, lorsqu'ils existent, se résument souvent à des pétitions de principe, ou à la création d'une cellule d'écoute en cas de burn out. Le projet de réorganisation de l'entreprise présenté en 2011 prévoyait de passer de 53 responsables ressources humaines (RRH) pour 50 magasins à 16 RRH centralisés et de 88 responsables financiers à 22 postes centralisés, ce qui avait pour effet, selon l'un des cabinets d'expertise diligentés par les CHSCT, qu'un directeur de magasin allait subir une augmentation de 170 % de son temps de travail. Pour les juges, les risques liés à la surcharge de travail, notamment les risques psychosociaux, n'ont pas été suffisamment évalués et chiffrés par l'entreprise dans les documents transmis aux CHSCT. Même si le projet a fini par être validé six mois plus tard, après que la Fnac eut apporté de nouveaux éléments, cette affaire aura, espérons-le, un impact positif sur la pratique des entreprises[36].

Le poids aujourd'hui acquis par les mécanismes de protection de la santé et de la sécurité au travail tient aussi

36. Cour appel Paris 13 décembre 2012, n° 12/00303, réformé par CA Paris, 25 avril 2013.

à l'efficacité des sanctions. Un certain nombre d'affaires ont montré qu'il est possible de suspendre, voire d'annuler, un plan de réorganisation au regard de ses effets sur la santé et la sécurité des salariés[37]. L'affirmation serait banale si le droit du travail ne nourrissait une réticence congénitale vis-à-vis de la nullité. Réticence que nous retrouverons lorsqu'il sera question de la sanction, essentiellement indemnitaire, attachée à la suppression illégitime d'un emploi. Elle s'estompe fort heureusement lorsque l'intégrité physique ou morale du salarié est en jeu.

Ce qui n'empêche pas une vive controverse, déjà évoquée à propos du harcèlement moral, autour du caractère subjectif des risques psychosociaux. À partir de quel seuil le stress généré par une restructuration porte-t-il atteinte au droit à la santé et à la sécurité des salariés ? « Quelle mesure patronale n'aura jamais pour effet de générer du stress chez certains collaborateurs, et donc de porter éventuellement atteinte à leur santé mentale ? », s'interroge un auteur[38]. La controverse se poursuit, logiquement, sur le terrain de la preuve. Comment prouver un phénomène psychologique, tel qu'un harcèlement moral ? La loi facilite la charge de la preuve. Le salarié qui s'estime victime de harcèlement au travail doit seulement établir des faits qui

37. Cour de cassation, chambre sociale, 5 mars 2008, n° 06-45.888 (Snecma) ; Trib. grande instance, Paris 5 juillet 2011, *Dr. ouvr.*, 2011, p. 633, note Cohen ; CA Paris, 6 mars 2014 (Areva).

38. J.-E. Ray, *Droit du travail. Droit vivant*, 20e éd, Liaisons, 2011, n° 238.

permettent de présumer l'existence d'un harcèlement (un SMS insultant, une mise au placard...). À charge ensuite pour l'employeur d'apporter la preuve que les agissements ne sont pas avérés ou qu'ils peuvent s'expliquer par des éléments objectifs. Le traitement juridique des suicides au travail fait quant à lui l'objet d'un système de présomptions, comme du reste l'ensemble des accidents liés au travail. Si le suicide ou la tentative de suicide survient dans le temps et sur le lieu de travail, celui-ci est « présumé » d'origine professionnelle, à charge pour l'employeur de démontrer que le geste suicidaire est totalement étranger à l'activité professionnelle. Preuve quasi impossible à apporter ! Inversement, si le suicide ou la tentative de suicide survient en dehors du temps ou du lieu de travail, il appartient à la victime ou, le cas échéant, à ses ayants droit de démontrer l'existence d'un lien de causalité entre le geste suicidaire et les conditions de travail. Ce lien commence à être reconnu, comme dans le cas de ce technicien du Technocentre de Renault retrouvé pendu chez lui en laissant sur un tableau les mots suivants : « Je ne peux plus rien assumer, ce boulot c'est trop pour moi, ils vont me licencier et je suis fini[39]. »

L'invocation croissante de la santé et de la sécurité en contexte de réorganisation ne tient pas seulement à l'efficacité des mécanismes juridiques. Elle tient aussi à

39. Trib. affaires Sécurité sociale, Versailles, 9 mars 2010, aff. Raymond D *c.* Renault.

la force rhétorique de l'argumentation qui la sous-tend. Il est plus difficile pour un employeur, ne serait-ce que d'un point de vue éthique et moral, de contrer une argumentation fondée sur les dangers avérés ou supposés d'un projet de réorganisation sur la santé et la sécurité des salariés que de défendre la nécessité économique de son projet.

N'en déduisons pas que ces sujets font consensus ! Les combats juridiques sont féroces sur les questions de santé et sécurité, comme l'illustre la vaste offensive, menée par certains employeurs, pourvois en cassation et questions prioritaires de constitutionnalité (QPC) à l'appui, contre le préjudice d'anxiété reconnu aux victimes de l'amiante. Une offensive qui n'est pas prête de s'arrêter alors que ce préjudice est désormais invoqué en justice pour des expositions liées à des substances autres que l'amiante, notamment par des mineurs exposés à des produits toxiques et cancérigènes (solvants, graisses, poussières de fer...). Si les enjeux sont principalement humains, l'extension du contentieux de l'amiante à d'autres risques, notamment chimiques et nucléaires, est évidemment porteuse d'enjeux financiers considérables. Ces affaires rappellent d'ailleurs utilement que, si la santé mentale retient aujourd'hui toute l'attention, les questions de santé physique ne sont pas réglées, et ne le seront probablement jamais. Même si on n'est plus à l'époque de l'ouvrier Joseph Teffaine qui vit, à la fin du XIXe siècle, la chaudière qu'il était chargé d'entretenir lui exploser à la figure et qui donnera son nom à l'un des arrêts fondateurs du droit de la responsabilité civile[40], les chiffres restent impressionnants, avec environ 700 000 accidents du travail par an, dont plus de 44 000 accidents graves. Certains d'entre eux auraient aussi bien pu se dérouler aux pires heures du XIXe siècle, tel celui subi par cet employé d'une scierie de bois qui a vu son bras sectionné par sa machine[41].

UN CHANGEMENT DE CAP ?

Un travail bien payé, mais dangereux, pénible et anxiogène, est-il un travail de qualité ? Le retour des questions de santé et sécurité, c'est aussi l'émergence d'une problématique nouvelle : la qualité de vie au travail. Le débat peut paraître théorique, presque angélique : comme si on pouvait revendiquer d'être heureux au travail ! C'est peut-être par excès d'angélisme qu'en février 2010, le ministère du Travail avait, sur son site Internet « travailler-mieux.gouv.fr », classé les grandes entreprises en fonction de leur effort dans la prise en charge du stress, avant de retirer le classement vingt-quatre heures plus tard. Une pratique que l'on connaît déjà avec des classements non officiels, tel le classement « *best place to work* » !

Sans aller jusqu'à consacrer un droit fondamental au bonheur – ou au bien-être – sur le modèle des constitutions

40. Cour de cassation, chambre civile, 16 juin 1896, DP 1897, I, 433.
41. www.ledauphine.com, septembre 2014.

brésilienne et japonaise, ou un droit à la recherche du bonheur pour reprendre les termes de la Déclaration d'indépendance des États-Unis[42], reconnaître l'importance de la qualité de vie au travail constitue un pas important sur le chemin de l'adaptation du travail à l'homme.

Une première étape pour convertir une belle idée – la qualité de vie au travail – en norme juridiquement contraignante consiste à identifier des critères qui permettent de l'objectiver. On trouve dans ceux identifiés par la Commission européenne l'essentiel des problématiques du droit du travail contemporain, que ce soit l'égalité entre les hommes et les femmes, l'équilibre entre vie professionnelle et vie privée, la santé et la sécurité au travail, la flexisécurité, la non-discrimination ou le dialogue social. Les indicateurs du travail décent isolés par l'OIT sont, pour certains, identiques (respect de la vie personnelle, dialogue social, sécurité au travail), pour d'autres, davantage orientés vers les pays en développement (travail forcé, travail des enfants, contexte économique et social incluant la non-scolarisation des enfants et la séropositivité...).

En somme, à lire les indicateurs aujourd'hui retenus, promouvoir la qualité de vie au travail, c'est promouvoir le droit du travail lui-même, ce qui est source de progrès pour des pays dans lesquels celui-ci n'existe pas ou est

42. La Déclaration française des droits de l'homme et du citoyen de 1789 est plus modeste, qui se donne pour finalité que les « réclamations des citoyens [...] tournent toujours au maintien de la Constitution et au bonheur pour tous ».

balbutiant, mais trop imprécis pour des pays comme la France où les droits sociaux dépassent, en principe, les standards minimaux. Pour preuve, la négociation unique sur la « qualité de vie au travail », instaurée à titre expérimental par une loi du 5 mars 2014, a pour ambition de fusionner les négociations obligatoires sur la prévoyance, l'égalité, la mobilité interne, la durée effective ou encore le handicap, autant dire la plupart des grands thèmes contemporains du droit du travail. Comment espérer, en donnant un sens aussi large à cette expression, lui conférer une véritable consistance juridique ?

En France, la promotion de la qualité de vie au travail (QVT) s'oriente, plus concrètement, dans trois directions.

La pénibilité tout d'abord. Le moins que l'on puisse dire est qu'ici le passage d'indicateurs (travail de nuit, port de charges lourdes, températures extrêmes, travail répétitif...) à un dispositif juridiquement contraignant, en l'occurrence le compte pénibilité, se fait dans la douleur. On rappellera que ce compte permet de comptabiliser les tâches pénibles effectuées par les salariés. Des points sont attribués aux salariés exposés à l'un au moins des dix facteurs de pénibilité identifiés par la loi, leur offrant la possibilité d'effectuer des périodes de formation, de passer à temps partiel, ou de partir en retraite anticipée. Contrairement à ce qu'on pourrait croire de prime abord, la détermination des seuils de pénibilité n'est pas seulement affaire d'experts. Fixer le seuil du travail répétitif ou celui à partir duquel le bruit, le froid ou la chaleur deviennent des facteurs de pénibilité est une question éminemment politique, qui dépend du degré de qualité que l'on entend promouvoir. La mise en place d'une mission de facilitation et de concertation permanente n'a pas suffi à apaiser les tensions autour de l'entrée en vigueur, début 2015, de ce dispositif.

La réduction de la charge de travail ensuite. Présente dans un nombre croissant d'accords nationaux interprofessionnels, notamment celui sur le télétravail, cette problématique est de plus en plus centrale, notamment pour limiter les durées de travail excessives. Il n'est pas surprenant qu'elle ait été au cœur du retentissant contentieux sur le forfait jours qui, en ne limitant pas le nombre d'heures travaillées, explique sans doute, en partie tout au moins, la durée de travail très élevée des cadres (en moyenne 44 heures hebdomadaires)[43] ! Sur différents fondements, dont certains empruntés à la Constitution, d'autres à la Charte sociale européenne, le Comité européen des droits sociaux puis la Cour de cassation ont exigé que l'accord collectif qui prévoit le recours au forfait jours assure la garantie du respect des durées maximales de travail ainsi que des repos, journaliers et hebdomadaires[44]. Ce qui, concrètement, signifie limiter la charge de travail qui peut être imposée à ces salariés, dont on ne décompte pas le nombre d'heures mais seulement le nombre de jours travaillés. Le lien entre le forfait jours et la problématique de la charge de travail était d'ailleurs déjà

---

43. Dares, *Analyses*, n° 047, juillet 2013.
44. Cour de cassation, chambre sociale, 29 juin 2011, n° 09-71.107.

acté par le Code du travail puisque l'entretien annuel obligatoire pour les salariés en forfait jours porte sur la conciliation entre vie personnelle et vie professionnelle, l'organisation du travail et la charge de travail.

Le dialogue social enfin. Quel qu'en soit le support (négociation collective, réunion avec les élus du personnel, groupes d'expression), le dialogue a un impact positif sur la qualité des relations sociales et sur la capacité à travailler ensemble[45], lesquelles contribuent à la fois à la qualité de vie au travail et à la performance des entreprises. Ce constat d'évidence, qui justifie qu'un effort soit fait pour développer la représentation du personnel dans les PME ne doit pas laisser place à un discours idéaliste qui ferait que tous les maux de l'entreprise pourraient être réglés par le dialogue. Le droit du travail ne se résume pas, et ne saurait se résumer, à définir les conditions d'un dialogue efficace dans l'entreprise.

L'attention aujourd'hui portée à la qualité de vie au travail, corroborée par la désignation dans certaines entreprises d'un responsable ou directeur QVT (Air France, SNCF, etc.) ou l'essor de dispositifs de conciliation entre vie personnelle et vie professionnelle (conciergerie, places en crèche, allégement du temps de travail lors de la rentrée scolaire...), n'est peut-être qu'un artifice destiné à rendre plus acceptable une politique de flexibilité. Qu'il soit cependant permis d'être optimiste et

---

45. T. Philippon, *Le Capitalisme d'héritiers. La crise française du travail*, Seuil, 2007.

d'y voir l'amorce d'un tournant vers l'adaptation du travail à l'homme ! De ce point de vue, l'accord national interprofessionnel du 19 juin 2013 sur la qualité de vie au travail ne doit pas être réduit au rang de pétition de principe. Techniquement, cet accord est modeste car il comporte, pour l'essentiel, des dispositions programmatiques (favoriser l'exercice de la parentalité par les hommes, constituer des groupes d'expression, développer dans les branches et les entreprises des actions de lutte contre les stéréotypes). Il n'en est pas moins significatif sur le plan des principes, par l'ambition d'une articulation plus équitable entre le social et l'économique. Avec des statistiques qui invitent à l'optimisme : selon plusieurs études, les entreprises qui investissent dans la qualité de vie au travail voient leur résultat d'exploitation augmenter sensiblement[46]. Selon les signataires de l'accord, « la compétitivité des entreprises passe notamment par leur capacité à investir et à placer leur confiance dans l'intelligence individuelle et collective pour une efficacité et une qualité du travail. Elle dépend aussi de leur aptitude à conjuguer performances individuelles et collectives dans le cadre du dialogue social. La qualité de vie au travail contribue à cette compétitivité ». On sort, au moins dans les intentions, du primat de la logique de marché qui constitue le troisième défi pour le droit du travail.

---

46. Voir le site Greatplacetowork.com

TROISIÈME PARTIE

Le transfert des risques

Construit sur une logique industrielle, le droit du travail est aujourd'hui plongé, sur fond de mondialisation et de tertiarisation de l'économie, dans l'ère marchande. La grande entreprise intégrée, dotée d'une unité de direction et capable d'exercer l'ensemble des fonctions nécessaires à son fonctionnement, par le biais de contrats de travail, est sur le déclin. À la place se développe une entreprise plus poreuse, perméable au marché, qui repose davantage sur des relations commerciales que salariales.

Pour le droit du travail, cette logique est corrosive, par la pression qu'elle exerce sur le travail, et sur ceux qui l'effectuent.

Premièrement, les périmètres du droit du travail sont perturbés. L'entreprise est aujourd'hui éclatée, en perpétuelle restructuration, dominée par des actionnaires institutionnels qui conçoivent les salariés, qu'ils n'ont jamais vus ni ne verront probablement jamais, comme de simples variables d'ajustement. Cette figure de l'entreprise n'est pas imaginaire même si, bien entendu, toutes les entreprises ne fonctionnent pas sur ce modèle. Difficile aujourd'hui de savoir qui gouverne l'entreprise, des dirigeants ou des actionnaires. Difficile d'identifier le lieu où sont prises les décisions. Autant d'éléments pourtant indispensables pour déterminer les interlocuteurs des salariés, le lieu d'implantation des instances représentatives du personnel, la loi applicable au contrat de travail, le champ d'application des obligations de reclassement...

Deuxièmement, les outils du droit du travail sont contestés, en tant qu'entraves au libre jeu du marché. On voit régulièrement des institutions fondamentales du droit du travail mises en cause sur le fondement du droit de la concurrence et des libertés économiques, que ce soient les conventions collectives, les syndicats, la grève ou les règles sur le temps de travail, et des problèmes de compatibilité surgir entre la protection des salariés et le fonctionnement des marchés, par exemple entre l'information du comité d'entreprise et les interdictions de divulgation édictées par le droit boursier.

Troisièmement, et surtout, les valeurs qui légitiment le droit du travail sont remises en cause. Une société dont les valeurs sont celles du marché et de l'échange, avec une défiance à l'égard de l'État et de tout ce qui est susceptible d'entraver le libre jeu du marché, peut-elle encore faire une place au droit du travail ? Une place qui paraît pourtant plus que jamais nécessaire, alors qu'on peut de moins en moins compter sur des dirigeants dont la mission première est de satisfaire le désir d'enrichissement des actionnaires, pour prendre en compte des intérêts autres qu'actionnariaux[1]. Sortir du primat du marché, c'est interdire un plan de réduction des effectifs uniquement destiné à augmenter la rentabilité de l'entreprise, c'est proscrire les cadences infernales destinées à augmenter coûte que coûte la productivité, c'est ne pas geler les salaires alors qu'on distribue des dividendes aux actionnaires. C'est, en somme, faire de l'intérêt des apporteurs de capitaux une valeur parmi d'autres, et enrayer ce mouvement contraire au pacte qui fonde la relation de travail, consistant à transférer les risques, du capital vers le travail[2]. De ce point de vue, la crise financière qui a frappé nos économies devrait aider, par les dérives qu'elle a révélées, à prendre conscience des dangers d'une financiarisation à l'extrême, qui laisse l'Homme sur le bord de la route.

---

1. A. Orléan, *Le Pouvoir de la finance*, Odile Jacob, 1999.

2. A. Lyon-Caen, « Droit du travail, subordination et décentralisation productive », *in* H. Petit, N. Thévenot, *Les Nouvelles Frontières du travail subordonné*, La Découverte, 2006 ; sur l'écart de plus en plus important entre la valeur du travail et la valeur du capital, voir not. T. Piketty, *Le Capital au XXIe siècle*, Seuil, 2013, spéc. p. 315 et s.

Les suppressions d'effectifs

LE SALARIÉ N'EST PAS UNE VARIABLE D'AJUSTEMENT

Licencier pour augmenter les profits ? Depuis plusieurs années se répand une idée mortifère : les suppressions d'effectifs auraient un impact positif sur le cours de l'action. On se souvient que, en 1999, la direction de Michelin annonçait simultanément des bénéfices semestriels en hausse de 20 % et 7 500 suppressions d'emplois. Malgré d'importants bénéfices, Danone annonçait deux ans plus tard une restructuration de son pôle biscuit avec la fermeture de deux sites, 816 suppressions d'emploi en France et 1 780 en Europe. Un certain nombre d'affaires, parmi lesquelles l'affaire Vivéo, ont éclaté depuis et assuré le succès d'une expression qui fait régulièrement la une de l'actualité : les licenciements boursiers.

Malgré son succès médiatique, l'expression est en réalité peu convaincante, et n'a sans doute pas aidé au traitement d'une question qui, pourtant, est de grande importance. Peu convaincante d'abord par le lien, très discuté, y compris parmi les économistes, qu'elle introduit entre les suppressions d'emploi et le cours de la Bourse[3]. Si

---

3. V. G. Capel-Blancard, N. Couderc, « Licenciements boursiers chez Michelin et Danone, beaucoup de bruit pour rien », *Revue française d'économie*, 2006, 21 (21-2), p. 61 ; C. Jacquin, « Les licenciements boursiers n'existent pas », *Le Monde diplomatique*, décembre 2011.

l'on reprend les exemples ci-dessus, le cours de l'action Michelin, en forte hausse les deux premiers jours, a baissé ensuite pour retrouver au bout de cinq jours son niveau initial ; quant au cours de l'action Danone, il a fléchi à chacune des annonces de suppressions de postes. Peu convaincant ensuite parce qu'il ne vise que les licenciements prononcés par les entreprises cotées, ce qui revient à exclure une large proportion des licenciements pour motif économique. Peu convaincant enfin car il oblige à créer une nouvelle catégorie de licenciements aux contours très flous. Qui peut prétendre définir de manière indiscutable ce qu'est un licenciement boursier ? Le critère le plus souvent avancé, qui tient à la distribution de dividendes au titre du dernier exercice comptable écoulé, n'est pas irréprochable en raison de nombreuses zones d'ombre. Les dividendes sont-ils ceux versés par l'entité qui licencie ou par le groupe auquel elle appartient ? Sont-ils seulement ceux distribués en France ? Comment appréhender les entreprises comme Google, Amazon ou Apple qui ont pour politique de ne distribuer qu'exceptionnellement des dividendes[4] ?

Les avatars de la notion de licenciements boursiers ne doivent cependant pas occulter le débat, essentiel, sur la légitimité des suppressions d'effectifs. Au fond, ce que traduit l'attention portée à ces licenciements, qui ont fait réagir jusqu'au sommet de l'État puisque le président Hollande

4. A. Parienty, « Interdire les licenciements boursiers, vraiment ? », *Blog*, 1er février 2013.

a fait de leur limitation une promesse de campagne, c'est la crainte de voir la personne rabaissée au rang de variable d'ajustement. On rompt un contrat de travail comme on romprait un contrat de fourniture, parce qu'il ne rentre plus dans les plans de financement ! Rappelons que le licenciement, quelle qu'en soit la cause, n'est pas la rupture d'un contrat comme les autres. C'est la perte d'un statut, avec tout ce qu'il véhicule en termes d'indépendance financière, de dignité, de sécurité pour la famille... C'est pour les grands licenciements collectifs un impact sur la collectivité à travers la prise en charge des indemnités de chômage, mais aussi sur les territoires et les commerces locaux. Un impact auquel l'obligation de revitalisation des territoires, insérée dans le Code du travail en 2002, ne peut, seule, remédier. C'est aussi, comme l'illustre l'affaire Metaleurop, des incidences possibles sur l'environnement, lorsque sont laissés à l'abandon des sites lourdement pollués.

Aux entreprises qui licencient dans le seul but d'augmenter les profits, sans considération aucune pour les individus concernés, le droit français répond sans équivoque. Seuls quatre motifs économiques de licenciement sont admis : les difficultés économiques, la sauvegarde de la compétitivité de l'entreprise, les mutations technologiques et la cessation d'activité. Les licenciements à finalité strictement marchande n'en font pas partie.

Pourquoi, dès lors, tant de bruit autour de licenciements qui sont manifestement illégaux ? En raison d'un important décalage, qui dépasse très largement le champ des licenciements dits « boursiers », entre le droit et les faits. Un décalage qui correspond à un phénomène bien connu de ceux qui s'intéressent à l'analyse économique du droit : la violation efficace.

LA VIOLATION EFFICACE

La violation efficace, c'est l'idée que la violation de la loi ou du contrat peut être économiquement justifiée, lorsque les coûts liés à une possible condamnation pécuniaire sont inférieurs aux bénéfices escomptés. C'est autrement dit l'idée que la règle de droit peut être légitimement méconnue à la condition de payer. Une idée particulièrement choquante dans le champ des rapports de travail alors que l'emploi n'est évidemment pas un bien comme les autres. Accepterait-on de sanctionner l'automobiliste qui roule à 220 km/h, en état d'ébriété, par une simple amende, alors que des vies sont en jeu ?

La violation efficace explique, par exemple, qu'un certain nombre d'employeurs choisissent la forme de contrat (CDD/CDI) en fonction, non pas des cas de recours admis par le Code du travail, mais de calculs économiques qui, entre autres, intègrent la probabilité d'une action en requalification. Le régime de la requalification rend ces calculs d'autant plus réalisables qu'elle se résout en principe en dommages et intérêts, non par la réintégration du salarié. Chacun sait que dans des secteurs comme le sport, le spectacle ou l'audiovisuel, la pratique des CDD d'usage ne se résume pas aux emplois par nature temporaires, mais que cette pratique reste financièrement intéressante eu égard à la proportion d'actions en requalification diligentées par des salariés qui, de surcroît, savent qu'ils auront les pires difficultés à retrouver un CDD s'ils ont par le passé engagé des actions en requalification.

Appliqué au droit du licenciement, le risque est de voir une entreprise prospère préférer au respect de la législation sur les licenciements économiques le paiement de dommages et intérêts. Elle aura, très en amont, procédé à un bilan coût/avantages entre les gains attendus de la réduction d'effectifs et les coûts d'une éventuelle action prud'homale, sachant qu'en l'état actuel du droit, l'absence de motif économique se résout par des dommages et intérêts. Que pèse le coût des prud'hommes dans une délocalisation aux enjeux financiers colossaux ? Il pèse d'autant moins que les économistes commencent, calculs à l'appui, à être capables de déterminer à partir de quel montant la violation de la règle devient avantageuse, et que certaines entreprises ont pris l'habitude de provisionner, en toute légalité, le coût des éventuels contentieux.

Limiter les stratégies de violation efficace constitue un enjeu majeur. Une première piste consiste à renchérir le coût de la violation de la loi, par exemple à renchérir les licenciements injustifiés à un niveau suffisant pour rendre la violation inefficace. Malgré les progrès de l'analyse économique du droit, il reste difficile, sinon impossible, de déterminer une fois pour toutes à quel niveau placer le curseur pour qu'une délocalisation à l'étranger devienne financièrement moins intéressante que la poursuite de l'activité en France avec maintien des contrats de travail. La réponse est identique pour le recours aux CDD. Entre le petit entrepreneur qui n'est pas en capacité de réaliser des provisions et pour qui le spectre d'une action prud'homale de son unique salarié est souvent dissuasif à lui seul, et le grand groupe pour qui ces actions, gérées par son service contentieux ou ses cabinets d'avocats, sont quasiment indolores, la situation est évidemment différente et interdit toute systématisation.

Sans aller, pour prolonger le parallèle avec le conducteur automobile, jusqu'à la suspension du permis de licencier, l'autre piste consiste à sortir de la logique indemnitaire et à empêcher purement et simplement la violation de la loi. C'est ce qu'avait admis la cour d'appel de Paris en mai 2011 dans la très remarquée affaire Vivéo en annulant le plan de sauvegarde de l'emploi d'une entreprise qui s'était engagée dans une procédure de licenciement économique alors qu'il était manifeste, rapport d'experts à l'appui, qu'elle ne disposait d'aucun motif économique. Seuls des dommages et intérêts sont encourus, estimait la Cour de cassation un an plus tard, soulignant que le Code du travail ne prévoit pas de nullité en cas d'absence de motif économique. Depuis 2013, la donne a changé. Les « grands » licenciements économiques (10 salariés au moins dans une entreprise de 50 salariés et plus) ne sont plus du ressort du juge judiciaire mais de l'administration qui doit donner son aval au plan de sauvegarde de l'emploi. Acceptera-t-elle de bloquer en amont les procédures de licenciement engagées alors que l'entreprise ne disposait manifestement d'aucun motif économique ? À première vue, rien n'est moins évident car l'administration est juge de la procédure, pas du motif ! Reste qu'elle dispose des outils pour empêcher ces licenciements, par le biais de la fraude à la loi ou encore du défaut de proportionnalité du plan de sauvegarde de l'emploi avec les moyens de l'entreprise. La question se pose dans des termes similaires pour les fermetures de sites rentables. La loi Florange avait opté pour la voie indemnitaire, avec une pénalité pouvant atteindre vingt fois la valeur mensuelle du Smic par emploi supprimé. Après la censure du Conseil constitutionnel, c'est ici aussi devant l'administration que le sort des salariés va se jouer. Il est prévu que l'administration peut refuser d'homologuer le plan de sauvegarde de l'emploi, et donc les suppressions d'effectifs, si elle estime que l'obligation de rechercher un repreneur n'a pas été respectée.

Derrière les stratégies de violation efficace se loge un débat lourd de sens sur l'aléa que représente pour l'entreprise l'intervention d'un tiers (juge ou administration) dans la régulation des rapports de travail. Cette incertitude serait un facteur d'inefficience pour certains économistes qui prônent de plafonner les indemnités de licenciement ou de remplacer le recours au juge par une taxe forfaitaire. Il y a là un point essentiel pour comprendre les propositions en faveur d'un contrat de travail unique qui, quelle que soit la formule de taxation proposée, permettent à l'entreprise de connaître à l'avance le coût – exact ou maximal – d'un licenciement en dehors de tout risque judiciaire[5]. Outre l'obstacle politique que rencontrerait, dans le contexte actuel, l'introduction d'un nouvelle imposition, difficile d'être convaincu, à moins de réduire les juges au rang de robots ou d'ordinateurs dont le rôle se résumerait à mettre en œuvre des séquences définies à l'avance ! Le risque d'être condamné par un juge à des sanctions que l'on ne peut chiffrer à l'avance n'est pas une anomalie dans un état de droit. Comment ne pas partager les craintes qu'avait soulevées, lors des négociations sur la sécurisation de l'emploi, la perspective d'un barème d'indemnisation en cas de contestation d'une rupture du contrat de travail aux prud'hommes ? Allait-on assister à la création de cette indemnité forfaitaire dont rêvent les tenants de la violation efficace ? Au final, le texte adopté est d'une portée limitée et devrait avoir peu d'impact sur ce type de stratégies. Il n'en est pas moins révélateur d'une aspiration forte chez certains, qui se concrétise dans l'expression très en vogue de « sécurisation ».

Comment ne pas s'arrêter un instant sur ce concept, aujourd'hui omniprésent dans le vocabulaire du juriste du

5. J. Tirole, O. Blanchard, *Protection de l'emploi et procédures de licenciement*, *op. cit.* ; P. Cahuc, F. Kramarz, *De la précarité à la mobilité : vers une sécurité sociale professionnelle*, *op. cit.*

travail ? Contrairement à ce que laisse entendre l'intitulé de la loi du 14 juin 2013 dite de « sécurisation de l'emploi », il ne désigne pas seulement une volonté de protéger les emplois. Derrière le mot sécurisation, il faut aussi lire l'ambition de sécuriser le droit lui-même, c'est-à-dire d'offrir aux acteurs un cadre d'action exempt de tout aléa judiciaire. Une étude récente a été jusqu'à dénoncer, sur la base en particulier d'un sondage auprès de magistrats, une supposée défiance des juges français à l'égard de l'économie de marché et des entreprises privées avec pour effet l'excessive rigidité du droit du travail, notamment du droit du licenciement[6]. À cela s'ajoute que plus le cadre juridique est sécurisé, plus les calculs de violation efficace se font précis !

Il y a là l'un des attraits des ruptures conventionnelles, qui évitent, entre autres, tout débat judiciaire sur la légitimité économique des suppressions d'effectifs. Le phénomène est suffisamment important pour qu'on s'y arrête.

TOUT SAUF LE LICENCIEMENT ÉCONOMIQUE !

Peut-on réduire les effectifs sans passer par la case « licenciement économique » ? Le droit du licenciement économique étant pour nombre d'employeurs un épouvantail qu'il faut éviter à tout prix, ceux-ci se tournent de

6. P. Cahuc, S. Carcillo, « Les juges et l'économie : une défiance française », *Institut Montaigne*, « Étude », décembre 2012.

plus en plus vers les ruptures amiables (ruptures conventionnelles ou plans de départ volontaire). La réduction d'effectifs se fera sans licenciements « secs », selon l'expression convenue. Seuls les volontaires quitteront l'entreprise.

De prime abord, la voie royale pour ce faire est le recours à la rupture conventionnelle, créée en 2008, puisque le Code du travail exclut expressément ce mode de rupture de la procédure de licenciement pour motif économique. Consciente du risque de fraude, la Cour de cassation a cependant décidé de réintégrer les ruptures conventionnelles dans le calcul des seuils nécessaires à la mise en place d'un plan de sauvegarde de l'emploi, dès qu'elles ont une cause économique et qu'elles s'inscrivent dans un processus de réduction des effectifs[7]. L'administration est, elle aussi, encouragée à la vigilance lorsque, au vu du nombre de ruptures conventionnelles conclues sur une même période, il est manifeste que l'employeur a cherché à utiliser le dispositif dans le but d'éluder la législation sur les licenciements économiques. L'appel du Medef en faveur de la rupture conventionnelle collective étant resté lettre morte, il est extrêmement hasardeux pour une entreprise de fonder sur ce mode de rupture un plan collectif de réduction d'effectifs.

Au contraire des ruptures conventionnelles, les plans de départ volontaire permettent, en toute légalité, des

7. Cour de cassation, chambre sociale, 9 mars 2011, n° 10-11.581.

réductions massives d'effectifs. Avec pour différence majeure que ces plans n'échappent pas, sous quelques réserves, à la procédure des licenciements pour motif économique. Renault, PSA, Air France ou encore BNP Paribas ont, à un moment ou à un autre, avec des succès inégaux, tenté de réduire leurs effectifs par le biais d'un plan de départ volontaire. Par rapport à un plan de licenciement « classique », le plan de départ volontaire a un coût plus prévisible puisque la rupture trouvant sa légitimité dans l'accord des volontés, le salarié ne peut en contester le motif économique. Sérieux bémol toutefois, il est impossible de déterminer à l'avance, alors même que les indemnités de départ seraient alléchantes, combien de salariés accepteront de partir. Si le nombre de partants est inférieur au nombre de postes supprimés, la probabilité que l'entreprise organise une seconde vague de départs, cette fois par le biais de licenciements économiques, est élevée. L'entreprise se retrouve parfois dans la configuration inverse, celle d'un nombre de candidats au départ plus important que le nombre de postes supprimés. La difficulté est alors de sélectionner, avec désormais des contentieux initiés par des salariés qui contestent leur non-sélection.

Les stratégies d'évitement des licenciements économiques ne reposent pas toutes sur les ruptures amiables. La plus grossière consiste à déguiser ces licenciements en licenciements pour motif personnel. Pas d'ordre des licenciements, ce qui fait que l'entreprise est libre de choisir les partants ! Pas non plus de plan de sauvegarde de l'emploi ou de consultation du comité d'entreprise ! Selon le Conseil d'orientation pour l'emploi, les licenciements pour motif personnel ont, depuis la fin des années 1990, « de plus en plus été utilisés par les entreprises pour gérer leurs sureffectifs[8] ». Il existe bien d'autres stratégies, certaines plus discrètes comme la conclusion d'un accord de gestion prévisionnelle des emplois et des compétences ou le non-remplacement des partants dans des secteurs comme la grande distribution à turnover important (30 %)[9], d'autres tout aussi abruptes, à l'instar du transfert d'entreprise dans une entité créée à cet effet, qui est ensuite mise en liquidation judiciaire. Un procédé qui participe à l'éclatement de l'entreprise.

L'entreprise éclatée

STRATÉGIES MULTIPLES

Configurer son entreprise pour échapper à l'essentiel du droit du travail ou au paiement des cotisations sociales, c'est possible. Là où la personne physique est indivisible et ne peut être en même temps à Paris, Pékin ou Dakar, l'entreprise peut être fragmentée en tout point de la planète. Cet éclatement répond parfois à une volonté d'échapper à

8. Conseil d'orientation pour l'emploi, *Mutations économiques, reclassement, revitalisation*, 6 juillet 2010.

9. E. Souffi, A.-C. Geoffroy, « La grande distribution en hypertension », Enquête *Liaisons sociales magazine*, novembre 2012, p. 20.

la législation sociale plus qu'à un projet de développement de l'entreprise[10]. L'entreprise se divise en autant d'entités nécessaires pour rester en deçà des seuils d'effectifs et ainsi échapper à la mise en place des institutions représentatives du personnel, fait appel à des prestataires extérieurs dans le but d'éviter les charges liées au salariat ou déplace des salariés dans des pays à bas coûts.

L'externalisation est relativement facile à circonscrire lorsqu'elle a pour cadre un groupe de sociétés. L'activité jusqu'alors assurée par la société mère est transférée à une ou plusieurs filiales créées ou non à cet effet. Dans le cas typique, la filialisation a pour objectif de décentraliser l'activité de production vers plusieurs filiales dispersées dans des pays à bas coût, que l'on sacrifiera si leur activité n'est plus rentable ; l'activité commerciale est, elle, centralisée au siège[11].

Du côté du droit, rien à dire lorsque le transfert a pour objectif de restructurer le groupe. En revanche, vigilance est de mise lorsque sa finalité véritable est de réduire les effectifs, et ainsi, pour reprendre une expression très parlante, d'« externaliser les licenciements[12] ». Stratégie dont il n'est pas difficile de décrypter les tenants et les aboutissants.

---

10. Sur le phénomène inverse de réinternalisation, V. F. Fréry, F. Law Kheng, « La réinternalisation, chaînon manquant des théories de la firme », *Revue française de gestion*, 2007/8, p. 192.

11. I. Taraud, « Le management en équipes transversales à plusieurs filiales », *Dr. ouvrier*, 2013, p. 169.

12. S. Ducrocq, « Externalisation de l'activité ou sous-traitance des licenciements ? », *Dr. ouvrier*, 2013, p. 187.

La société mère entend réduire les effectifs du groupe en supprimant une activité peu rentable sans avoir à mettre en place un plan de sauvegarde de l'emploi. Elle transfère cette activité, avec son personnel, à une filiale créée ou non à cet effet. Les salariés sont désormais, sans coût pour la mère, ceux de sa filiale qui, à court ou à moyen terme, se trouvera, comme par hasard, en état de cessation de paiements et les licenciera. L'entreprise aura réussi à se séparer de ses salariés à bon compte, et aux frais de la collectivité, sans avoir à engager une procédure de licenciement pour motif économique !

Ces stratégies sont généralement faciles à repérer car la liquidation du cessionnaire interviendra peu après le transfert. Redoublant d'ingéniosité, les conseils d'entreprise en élaborent de plus subtiles comme celle consistant à réduire les effectifs, non par la liquidation judiciaire du cessionnaire, mais par la mise en œuvre d'un plan de départ volontaire chez ce dernier. Le cas SFR, qui intervient entre deux entités n'appartenant pas au même groupe, aurait aussi bien pu se présenter dans des rapports entre société mère et filiale. L'opérateur avait décidé, dans le but de se recentrer sur son corps de métier, de confier la totalité de l'exploitation des centres de relation clients de Toulouse, Lyon et Poitiers à une filiale du groupe Teleperformance, leader mondial des centres d'appel. Mais il était implicitement convenu dès le départ que Teleperformance ne reprendrait pas les quelque 2 000 salariés affectés chez SFR à ces tâches. D'où un montage consistant dans un premier temps à transférer, comme la loi l'impose, lesdits salariés chez Teleperformance avant, dans un second temps, de mettre en place un plan de départ volontaire qui avait été pensé avant même le transfert des salariés. Un plan qui avait toutes les chances de prospérer, d'abord parce que les indemnités de départ étaient conséquentes, ensuite parce que le statut collectif chez Teleperformance était moins avantageux que celui de SFR. L'opération a été condamnée par la cour d'appel de Toulouse qui a considéré que SFR et Teleperformance ont mis en place une collusion frauduleuse ayant porté préjudice aux salariés. La Cour de cassation approuve, sur un autre fondement[13].

L'externalisation consiste, dans la majorité des cas, à confier une partie de l'activité à une entreprise tierce, au moyen de contrats de sous-traitance. Dans les cas les plus élaborés, on peut parler d'entreprises en réseaux. Après les activités annexes du type restauration, nettoyage ou gardiennage, ce sont désormais les fonctions stratégiques, de l'informatique à la comptabilité en passant par la logistique voire, dans certains cas, la fabrication des produits, qui sont concernées. Ikea et Decathlon sont devenus des industriels sans usine, avec des réseaux de sous-traitants dispersés dans le monde entier. Nike est une coquille à moitié vide recentrée sur les activités de conception et marketing. Toyota a construit une véritable pyramide de sous-traitance, appelée « kereitsu », constituée de plus de 10 000 entreprises,

13. Cour de cassation, chambre sociale, 18 juin 2014, n° 12-18.589.

totalement imbriquées les unes aux autres. Ce mouvement vers des entreprises virtuelles se poursuit avec le développement des technologies Web 2.0 (forums, réseaux sociaux, wikis) qui permettent à des travailleurs indépendants de proposer des missions de comptabilité ou de démarchage commercial à des donneurs d'ordre se situant parfois à une dizaine de milliers de kilomètres.

Quelle place pour le droit du travail dans ce schéma ? Une place résiduelle car, au lieu de recruter un salarié pour effectuer la comptabilité de l'entreprise, des commerciaux pour faire du démarchage, des ouvriers pour construire un véhicule, l'entreprise va conclure des contrats commerciaux, et transférer les risques sur le sous-traitant. En cas de baisse d'activité, elle pourra résilier le contrat commercial autrement plus aisément – moyennant le plus souvent un simple préavis – que si elle avait dû rompre des centaines de contrats de travail. Ce sera alors au sous-traitant, comme dans l'hypothèse envisagée plus haut, de gérer les conséquences, sur ses propres salariés, de la rupture du contrat avec le donneur d'ordre. Car, du point de vue du droit commercial, le sous-traitant est un prestataire indépendant, qui collabore sur un pied d'égalité avec l'entreprise principale. Lorsque Ikea ou Dell projettent la fermeture d'un site, ce sont des centaines de sous-traitants qui sont concernés. Lorsqu'en France, La Redoute envisage une importante restructuration, ce sont des plans de départ volontaire qui sont annoncés chez Relais-Colis, dont l'activité avec La Redoute constitue 50 % du chiffre d'affaires. Un ancien secrétaire général de la CGT prévenait, à l'échelle de la France, que « dès lors que Peugeot annonce la suppression de 8 000 à 10 000 emplois, il faut multiplier par trois, voire quatre, pour mesurer l'impact en termes d'emploi pour l'ensemble du pays[14] ».

Il n'est pas besoin d'être spécialiste de droit du travail pour comprendre les perturbations occasionnées par ce schéma. Vu la facilité à rompre un contrat commercial, un durcissement du droit du travail en Thaïlande risque de conduire la grande entreprise, qui n'entend pas augmenter ses prix de vente, à rompre ou à ne pas renouveler les contrats de sous-traitance avec les entreprises locales et à se diriger vers un pays à moindre coût. C'est ce qu'on appelle le dumping social.

LA TENTATION DU DUMPING SOCIAL

Les dérives de la sous-traitance défrayent régulièrement la chronique, sur fond de dumping social avec des salariés embauchés dans des conditions déplorables par un sous-traitant, au service d'une entreprise se situant à des milliers de kilomètres. Mattel, distributeur de la fameuse poupée Barbie, Samsung ou encore Apple ont été mis en cause par l'ONG China Labor Watch pour avoir eu recours

14. B. Thibault, cité par T. Thuillier, « PSA : quel avenir pour les sous-traitants ? », *L'Express.fr*, 12 juillet 2012.

en Chine à des fournisseurs coupables de multiples violations du droit du travail : durée jusqu'à 13 heures par jour, salaire dérisoire, logement dans des dortoirs surpeuplés, absence d'équipement de protection adéquat, discrimination contre les personnes de plus de 40 ans... À défaut d'un corpus juridique suffisamment contraignant au niveau international, et malgré l'essor de la responsabilité sociale des entreprises, les moyens juridiques actuellement mobilisables ne suffisent pas.

L'Union européenne n'a pas non plus atteint un degré d'intégration suffisant pour éviter le phénomène du dumping social en son sein, favorisé par de fortes disparités de coût salarial entre États membres. L'absence de salaire minimum européen, et le fait que certains pays de l'Union européenne (Danemark, Finlande, Suède, notamment), comme c'était encore le cas il y a peu de l'Allemagne, n'aient tout simplement pas de salaire minimum légal n'aide pas. Pour limiter les fraudes et éviter que le dumping social ne tire le droit du travail des pays de l'Union européenne vers le bas, la directive sur le détachement des salariés prévoit l'application d'office du noyau dur des règles du pays d'accueil, principalement les conditions de travail et le salaire minimum.

Malgré cette directive, les abus constatés sont nombreux, en particulier dans des secteurs comme l'agroalimentaire ou le BTP : travailleurs non déclarés, non-respect des dispositions sur l'hygiène et la sécurité et sur le temps de travail, salariés sous-payés ou payés pour partie en dédommagement de frais, fraude aux cotisations sociales… Et les montages juridiques de plus en plus sophistiqués, comme l'illustre l'affaire Flamanville qui avait fait grand bruit en 2011 sur fond d'accidents mortels. Les salariés étaient polonais, avaient été recrutés à Chypre par l'intermédiaire d'une agence d'intérim basée en Irlande, pour aller travailler pour le compte de l'entreprise française Bouygues sur le chantier de l'EPR de Flamanville.

Comment faire cesser ces agissements ? La consécration d'une responsabilité solidaire des donneurs d'ordre et des maîtres d'ouvrage par la nouvelle directive d'exécution relative au détachement de travailleurs va dans le bon sens. Concrètement, le salarié du sous-traitant qui estime que ses conditions de travail ou son salaire ne respectent pas les prescriptions de la directive pourra se retourner, non seulement contre son propre employeur mais aussi contre le donneur d'ordre. Signe du caractère impérieux de la lutte contre le dumping social, le législateur français a transposé la directive de manière anticipée. La loi du 10 juillet 2014 visant à lutter contre la concurrence sociale déloyale (traduction française de « dumping social ») prévoit, outre la responsabilité solidaire évoquée ci-dessus, la mise en place d'une liste noire sur Internet dans laquelle pourront figurer pendant deux ans, sur décision du juge, les entreprises condamnées pour travail illégal.

Il faudrait commencer, pour limiter les abus, par réduire les distorsions de concurrence en termes de niveau de cotisations sociales. Les charges applicables au salaire sont actuellement de 13 % en Roumanie, 17 % en Slovénie et 21 % en Pologne, contre environ 45 % en France. Or, en vertu de la réglementation européenne, les cotisations sociales restent dues dans le pays d'origine, ce qui, concrètement, permet à un employeur d'embaucher des travailleurs à moindre coût et de les détacher dans des pays aux cotisations sociales plus élevées. Les juges sont régulièrement confrontés à des montages, plus ou moins sophistiqués, élaborés dans le seul but de contourner l'obligation de paiement des cotisations sociales dans un pays donné. Pour illustration la condamnation pour travail dissimulé d'Easyjet et Vueling, qui se voient reprocher d'avoir organisé des détachements depuis l'Espagne, l'Irlande ou le Royaume-Uni dans le but d'échapper à la sécurité sociale française. Les juges ont constaté que les salariés concernés étaient majoritairement français, affectés sur des bases d'exploitation en France et exerçaient exclusivement leur activité sur le territoire français[15]. La technique la plus connue est le recours à des sociétés boîtes aux lettres domiciliées dans les pays où la législation sociale est moins développée. Sociétés qui font ensuite venir les travailleurs en France, ce qui leur permet de payer les cotisations sociales – moins chères – du pays d'origine.

Le dumping social prend d'autres formes lorsqu'il joue non pas entre États, mais entre entreprises d'un même pays. C'est le phénomène, en plein essor, des entreprises

15. Cour de cassation, chambre criminelle, 11 mars 2014, n° 11-88.420.

dites *low cost*, qui compriment les coûts sociaux (niveau de salaire, aménagement du temps de travail, garanties de protection sociale complémentaire) pour acquérir un avantage concurrentiel. La problématique est plus complexe qu'il y paraît de prime abord car les désavantages pour les salariés sont, dans certains cas, des avantages pour les consommateurs à faibles revenus. C'est avec ce type d'argument que le géant de la distribution Walmart, plus grande entreprise du monde par son chiffre d'affaires selon le classement 2014 du magazine *Fortune*, se défend des accusations de traiter plus mal ses salariés que ses concurrents. Négatif pour les salariés qui supportent des salaires inférieurs à ceux de la concurrence et une absence de syndicalisation, l'effet de dumping social provoqué par l'ouverture d'un supermarché Walmart est positif pour les consommateurs à revenus modestes qui bénéficient de prix plus bas à la fois chez Walmart et chez les concurrents, poussés à s'aligner[16].

LA BOMBE DU COEMPLOI

Pour appliquer le droit du travail, il faut identifier un salarié et un employeur. Ce qui était un jeu d'enfant (il suffisait de lire la feuille de paie ou le contrat de travail) est devenu, pour certains salariés, un sujet complexe. L'un

---

16. D. Neumark, J. Zhang, S. Ciccarella, « The effects of Wal-Mart on local labor markets », *Institute for the Study of labour*, IZA, janvier 2007.

des effets collatéraux de l'éclatement de l'entreprise est de rendre de plus en plus délicate l'identification du véritable employeur. À l'employeur de droit, il faut de plus en plus souvent ajouter l'employeur de fait, qui prend les décisions concrètes concernant le salarié.

Prenons l'exemple des centres d'appel, qui accueillent aujourd'hui environ 300 000 travailleurs dans des conditions sociales souvent plus précaires que celles des salariés du donneur d'ordre. En droit, c'est la société gérant le centre d'appel, qui signe les contrats de travail, qui est responsable du non-respect des règles sociales et qui est l'interlocuteur des salariés en cas de réclamations ou de revendications professionnelles. Mais les ordres et directives émanent d'Orange et autres SFR-Numéricable qui généralement décideront des embauches et des ruptures, ainsi que de la politique salariale. De même, en cas d'externalisation, la société mère ou le donneur d'ordre conserveront souvent le pouvoir de décision, et, dans les situations les plus caricaturales, celui de vie et de mort sur la filiale ou les sous-traitants !

Pour rattraper ces employeurs de fait, donneurs d'ordre ou sociétés mères, on a inventé le coemploi.

Le principe, en droit, est celui de l'autonomie des personnes morales. La société mère et la filiale sont deux sociétés distinctes. Même embauché sous la bannière du groupe, le salarié contracte avec une société déterminée (l'une des filiales par exemple) et n'a pas en principe d'actions contre les autres sociétés du groupe. Le même raisonnement vaut dans les rapports de sous-traitance.

En reconnaissant le coemploi, le droit du travail est parvenu à lever le voile de la personnalité juridique pour rattraper l'employeur de fait.

La reconnaissance d'une situation de coemploi permet en effet à des salariés de demander, par exemple, le paiement de leur salaire ou de leurs indemnités de licenciement à une société autre que celle avec laquelle ils sont liés par un contrat de travail, ce qui est très utile lorsque leur employeur est devenu insolvable. Cette autre société est dite « coemployeur ». Il faut pour cela prouver l'existence soit d'un lien de subordination, soit d'une confusion d'activité, de direction et d'intérêt entre deux entreprises. Avec ce second critère, de loin le plus controversé, il est désormais possible pour des salariés d'imputer des obligations sociales à une entreprise sans que soit caractérisé entre eux et cette entreprise un lien de subordination. Ce qui est une façon, pour le droit du travail, d'acter l'extrême difficulté à recomposer le lien d'emploi dans les entreprises éclatées ! C'est sur ce fondement que la société Metaleurop a dû, après un long combat judiciaire, prendre en charge les licenciements de sa filiale Metaleurop Nord. Les juges ont constaté que la décision de restructuration de la filiale avait été prise par la direction de la société mère, que les dirigeants étaient communs et que la mère s'immiscait dans la gestion du personnel de sa fille[17].

17. Cour de cassation, chambre sociale, 28 septembre 2011, n° 10-12.278.

Le coemploi est d'autant plus redouté que sa reconnaissance s'est doublée d'une évolution de la jurisprudence sur le motif économique de licenciement. Si la cessation d'activité d'une entreprise constitue, en principe, un juste motif de licenciement, les tribunaux sont plus restrictifs lorsque les emplois supprimés sont ceux d'une filiale et qu'une situation de coemploi est caractérisée entre elle et la société mère. Il faut, dans ce cas, établir l'existence, au niveau du groupe, de difficultés économiques ou d'une menace sur la compétitivité[18]. Concrètement, la société mère qui décide sans justification économique autre que la cessation d'activité de sa filiale de sacrifier les salariés de cette dernière va devoir, en cas de coemploi, prendre en charge le licenciement, y compris le plan de sauvegarde de l'emploi, des salariés de cette dernière. Ce qui, dans certains cas, peut être dissuasif !

Le coemploi est devenu l'une des principales cibles de ceux qui voient dans le droit du travail un frein à l'implantation de groupes étrangers sur le sol français. Des groupes qui craignent, à l'image de la société mère allemande du groupe Continental, de se retrouver coemployeurs de leur filiale française avec à la clé des millions d'euros de dommages et intérêts[19]. Les cabinets d'avocats redoublent de conseils pour éviter aux groupes de se retrouver en situation

18. Cour de cassation, chambre sociale, 18 janvier 2011, n° 09-69.199.

19. Conseil prud'hommes, Compiègne, 30 août 2013, *Sem. soc. Lamy*, 2013, n° 1600.

de coemploi, notamment ne pas s'immiscer dans la négociation annuelle obligatoire de leur filiale, refuser toute entrevue avec les autorités publiques, les représentants syndicaux ou les journalistes concernant la filiale. Le fait que les dirigeants de Continental aient publiquement communiqué sur la fermeture de l'usine de Clairoix, et que les autorités françaises les aient choisis comme interlocuteurs pour discuter de cette fermeture, a, en effet, été retenu à charge.

La charge menée contre le coemploi est-elle pour autant justifiée, alors qu'aux dires de l'un de ses plus éminents spécialistes au sein de la chambre sociale de la Cour de cassation, il est une situation exceptionnelle[20] ? Pour rassurer ceux qui redoutaient que tout groupe de sociétés soit exposé au coemploi, la Cour de cassation est d'ailleurs venue ajouter courant 2014, dans l'affaire Molex, que la nécessaire coordination des actions économiques entre les sociétés d'un groupe et l'état de domination économique que cette appartenance peut engendrer ne suffisent pas à le caractériser[21]. Ce qui a conduit certains à annoncer la mort du coemploi[22] ! Il faut donc bien distinguer la gestion du groupe par la société mère (définition de la politique du groupe, engagement à fournir les moyens nécessaires au financement des mesures sociales de la filiale) et l'ingérence anormale de celle-ci dans

20. P. Bailly, « Le coemploi : une situation exceptionnelle », *Sem. jur. soc.*, 12 novembre 2013, 46.

21. Cour de cassation, chambre sociale, 2 juillet 2014, n° 13-15208.

22. G. Loiseau, « Le coemploi est mort, vive la responsabilité délictuelle », *Sem. jur. soc.*, 22 juillet 2014, n° 29.

la gestion économique et sociale de ses filiales. Et à ceux qui y voient une monstruosité française, on répondra que le coemploi existe aussi, selon des modalités certes différentes, en Italie, au Royaume-Uni ou encore aux États-Unis.

Si le coemploi constitue sans nul doute la réponse la plus musclée au problème de l'entreprise éclatée, d'autres voies sont ouvertes, à commencer par l'engagement de la responsabilité civile de la société mère qui, par sa faute, a contribué à la déconfiture de sa filiale et à la disparition des emplois en son sein.

Au plan collectif, l'éclatement de l'entreprise pose d'autres types de problèmes. Il conduit à scinder la collectivité du personnel, rendant très difficile la constitution de solidarités, l'émergence d'un dialogue social efficace et le développement de revendications communes. Dans le pire des cas, l'éclatement de l'entreprise aura pour finalité même d'échapper à la mise en place d'une représentation du personnel, en jouant sur les seuils d'effectifs. Par exemple, l'entreprise de 80 salariés se scindera en deux sociétés de 40 salariés pour échapper au seuil de 50 salariés au-delà duquel la création d'un comité d'entreprise ou d'un CHSCT devient obligatoire. Si les juges constatent que plusieurs entreprises, quoique juridiquement distinctes, forment entre elles une « unité économique et sociale », ils additionneront leurs effectifs et les obligeront à mettre en place ces dispositifs.

Par ces différents moyens, le droit du travail cherche à reconstituer l'entreprise, à lui rendre son unité. On n'a sans doute pas tout vu. Les juristes sont maintenant confrontés, non plus seulement à l'externalisation de l'activité de l'entreprise mais aussi à l'externalisation de la direction. Une société en mauvaise posture, ou sur le point d'entrer dans un processus de fusion-acquisition fait appel à des « consultants » externes chargés d'en prendre la direction à titre temporaire, avec souvent à la clé des réductions d'effectifs. Du point de vue du droit, le management de transition n'est pas irréprochable, et ce même si l'entreprise n'y a pas recours dans le but de casser l'influence d'un syndicat dans l'entreprise, comme l'illustre une affaire portée il y a quelques années devant la Cour de cassation[23]. Un simple prestataire de services ne peut pas exercer, fût-ce avec une délégation de pouvoirs, les fonctions d'employeur, présider les réunions du comité d'entreprise, licencier, négocier des accords collectifs tout comme un cabinet comptable, extérieur à l'entreprise, n'est pas en droit de mener à son terme une procédure de licenciement. On comprend que les entreprises soient tentées de sécuriser le statut de ces managers atypiques en leur confiant un mandat de directeur général ou en concluant avec eux un contrat de travail à durée déterminée. Embauchés pour licencier ! Quelle peut-être la valeur du travail lorsqu'on instrumentalise à ce point le droit du travail ?

---

23. Cour de cassation, chambre criminelle, 2 septembre 2008, n° 07-81.661.

La valeur du travail

LE SYMBOLE *DOING BUSINESS*

Classer les pays en fonction de leur attractivité économique... Voici une belle idée, que la Banque mondiale a concrétisée avec un succès certain ! Son classement *doing business* est aujourd'hui une référence pour nombre d'acteurs économiques qui s'en inspirent pour choisir leurs lieux d'implantation ou d'investissement et, par conséquent, pour nombre de pays qui réforment dans le but d'améliorer leur attractivité. Les 183 pays qui composent ce classement sont classés selon un seul et unique critère, la facilité à faire des affaires, lui-même divisé en sous-critères, parmi lesquels la facilité à créer une entreprise, à transférer la propriété, à obtenir un prêt ou encore l'efficacité du système d'exécution des contrats.

Quelle place pour la protection des travailleurs parmi ces critères ? La plus modeste possible car elle dégrade la note des États ! Jusqu'à 2008 un critère social figurait parmi les sous-critères : le *employing workers index*. Il se présentait ainsi : plus grande était la flexibilité du travail, appréciée au regard de la facilité à recruter, de la flexibilité des horaires et de la facilité à licencier, plus élevée était la note. Le Burkina Faso avait, en grande partie grâce à cet indicateur, réussi l'indécent exploit de passer entre 2008 et 2009 du 152e au 57e rang, et d'être promu sixième réformateur mondial pour avoir, entre autres, révisé son Code du travail dans le sens d'une libéralisation du licenciement (allégement des procédures, plafonnement des indemnités). Après s'être attirée les foudres de l'Organisation internationale du travail, qui y voyait un encouragement à violer ses conventions, la Banque mondiale a sorti ce critère de son classement.

Le classement *doing business* constitue la parfaite illustration d'un modèle aujourd'hui dominant, souvent associé aux pays de *common law* qui trustent les premières places. Dans ce modèle gouverné par la logique du marché, point de salut pour le droit du travail qui est une contrainte, un coût qu'il faut minimiser autant que possible afin d'augmenter l'attractivité économique du pays[24]. Peu importe que cela conduise à la délocalisation d'une filiale, à l'éclatement de l'entreprise, à la fermeture d'un site, voire de l'entreprise tout entière. Fermer des entreprises dont l'activité économique est viable mais qui éprouvent des difficultés d'ordre financier du fait, par exemple d'un fort endettement, est acceptable, voire quasi inéluctable d'un point de vue strictement marchand. Mais inacceptable d'un point de vue industriel et social, comme le suggère la nouvelle procédure de sauvegarde financière accélérée qui, espérons-le, parviendra à limiter ce phénomène. Également inacceptable le détournement d'actifs de la filiale défaillante, auquel a

24. C. Hannoun, « L'émergence de l'entreprise-marchandise », *Rev. dr. travail*, 2010, p. 22.

cherché à répondre la loi Petroplus du 12 mars 2012, en réponse au pillage de la filiale du groupe du même nom qui a vu ses comptes vidés par les banques de sa société mère quelques heures avant le dépôt de bilan, au préjudice notamment des salariés.

Oubliée, la valorisation de l'entreprise qui avait grandement contribué au développement du droit du travail au cours du XXe siècle. La théorie de l'institution, qui a connu ses heures de gloire au milieu du siècle dernier, avait au moins le mérite d'assigner à l'entreprise une finalité autre que la maximisation des intérêts des apporteurs de capitaux. L'intérêt commun n'était pas, chez ses partisans, celui des seuls associés, et la pérennité de l'entreprise était au moins aussi importante que la satisfaction des intérêts particuliers de ceux qui la composent.

À la place, on voit prospérer les théories actionnariales (*shareholder theories*) qui font des salariés de simples tiers dont les intérêts n'ont pas à être intégrés dans les décisions de gestion. Le schéma est connu : les actionnaires sont propriétaires de l'entreprise ; les dirigeants sont leurs simples mandataires ou *agents,* pour reprendre les termes de la fameuse théorie de l'agence, et doivent en conséquence agir pour leur compte et dans leur intérêt exclusif.

Les alternatives le sont aussi, relayées par les *stakeholder theories* qui défendent l'idée que la prise en compte de l'intérêt de l'ensemble des parties prenantes (actionnaires, dirigeants, salariés, clients, pouvoirs publics, sous-traitants, fournisseurs, riverains) est un élément de performance pour l'entreprise. Elles prônent une définition plus ouverte de l'intérêt social incluant celui des salariés, un développement de l'actionnariat salarié, souvent vu comme un moyen – modeste – de contrebalancer le poids des investisseurs financiers dans la gouvernance des entreprises, ou encore une plus grande implication des représentants des salariés dans le fonctionnement de la société. On rappellera que le principe constitutionnel de participation des salariés à la gestion des entreprises ne s'est pas traduit, en France, par leur participation active aux instances de direction, mais, pour l'essentiel, par une simple consultation du comité d'entreprise.

Faut-il accorder au comité d'entreprise un droit d'opposition en cas de projet de réduction d'effectifs, comme l'avait prévu la défunte loi de modernisation sociale du 17 janvier 2002 ou comme proposé plus récemment par les « licenci'elles », ces salariées des Trois Suisses qui réclamaient un droit de veto du comité d'entreprise lors d'un plan de licenciement ? Bien que les sujets sur lesquels le comité d'entreprise est consulté touchent aujourd'hui au cœur de la vie économique de l'entreprise, y compris depuis la loi du 14 juin 2013 à sa stratégie, les avis du comité ne présentent aucun caractère contraignant et peuvent être rangés par l'employeur dans un tiroir sans jamais en être ressortis.

Faut-il, à la lumière des projets de SCOP présentés par les salariés pour sauver leur entreprise (Fralib, La Fabrique du Sud...), en favoriser le rachat par les salariés, comme le prévoit la loi sur l'économie sociale et solidaire ? Sans nul doute les réflexions sur le *social business* méritent-elles toute l'attention[25] ! Il s'agit de créer, avec les outils du capitalisme, une nouvelle forme sociale dans laquelle le profit serait un moyen au service d'une fin non marchande. Ce qui ne se confond pas avec les thèses, très en vogue aujourd'hui en France, consistant à étendre au secteur marchand le modèle de l'économie sociale et solidaire, et les structures juridiques qui lui sont associées.

Ne faut-il pas aussi, alors qu'un certain nombre d'études invitent à nuancer l'engouement actuel pour les administrateurs indépendants, qui souvent connaissent mal l'entreprise quand ce n'est pas leur indépendance même qui fait débat, renforcer la place des administrateurs salariés dont on peut penser – tout au moins espérer – qu'ils ne seront pas animés par le seul intérêt actionnarial, alors même qu'ils auraient la double casquette de salarié-actionnaire[26] ?

Le problème est profond et ne s'arrête pas aux frontières du droit du travail. L'analyse contractuelle de la société, gravée dans le marbre du Code civil qui la définit

25. M. Yunus, *Building Social Business*, Public Affairs, 2010 ; D. Hurstel, *La Nouvelle Économie sociale, pour réformer le capitalisme*, Odile Jacob, 2009 ; pour une application concrète au droit des sociétés français, A. Couret, « Les chemins vers l'entreprise sociale : la voie de l'hybridation », *Mélanges en l'honneur de F. Gaudu*, IRJS Éditions, 2014, p. 267.

26. S. Benhamou, « Gouvernance, participation des salariés et performance des entreprises : enjeux et prospective économique et sociale », *Dr. social*, 2014, p. 553.

comme un contrat, ne facilite pas l'intégration des salariés, considérés comme de simples tiers, dans le fonctionnement de la société. Doit-on s'étonner qu'une délibération d'assemblée générale ou de conseil d'administration ne puisse être annulée que sur le fondement du Code du commerce, de la fraude ou du droit des contrats, ce qui exclut la violation d'une disposition du Code du travail ? Aussi regrettable que soit cette solution, l'irrecevabilité du comité d'entreprise à se constituer partie civile du chef d'abus de biens sociaux d'un dirigeant de la société suit la même ligne. Doit-on de même être surpris de l'échec de l'action des Sodimédical qui avaient cherché à bloquer devant les juridictions commerciales l'ouverture de la procédure collective, avec cette idée qu'empêcher en amont la fermeture de l'entreprise est plus efficace que contester en aval les licenciements économiques[27] ? Comme il a justement été souligné, on a fini par se convaincre que les actionnaires sont propriétaires de l'entreprise, alors qu'ils ne le sont que de leurs actions[28] !

En attendant une réforme en profondeur du gouvernement de l'entreprise, qui n'est pas pour demain, la prise en compte des intérêts des travailleurs dans le capitalisme

---

27. Cour de cassation, chambre commerciale, 3 juillet 2012, n° 11-18.026.

28. J.-P. Robé, *in* R. Baudoin *et al.*, *L'Entreprise, formes de la propriété et responsabilités sociales*, Collèges des Bernardins, 2012, p. 273 ; O. Favereau, *L'Entreprise. La grande déformation*, Collège des Bernardins, « Parole et silence », 2014.

moderne passe principalement par la défense de valeurs civiques. C'est alors une tout autre direction qu'il convient de prendre.

L'ÉTAT ET LE MARCHÉ

Si l'on peut de moins en moins s'appuyer sur l'entreprise pour résister au marché, peut-on compter sur l'État ? Ce dernier est-il encore en capacité, au nom de l'intérêt général, de résister aux valeurs du marché et de défendre la place des règles sociales ?

Il ne fait pas de doute que le fondement étatique du droit français du travail, qu'incarne le rôle prépondérant qu'y joue l'ordre public, constitue un solide rempart face au délitement que lui promettent les adeptes du marché.

Sous l'égide d'un imposant Code du travail, le droit français a longtemps accordé une place centrale aux valeurs civiques (intérêt général, bien commun, protection de l'intégrité physique du salarié...), principalement véhiculées par la loi et le règlement. La négociation collective s'est développée comme un complément, non comme une alternative à l'ordre public contrairement au « laissez faire » anglais, foncièrement méfiant à l'égard de la loi, ou au *labor law* américain, tout entier construit sur la négociation collective d'entreprise.

Le recul de la loi par rapport à la négociation collective doit d'autant plus retenir l'attention. La négociation collective gagne, loi après loi, du terrain. La loi ne se contente plus d'accorder aux partenaires sociaux des espaces de dérogation, comme au temps des lois Auroux de 1982. Elle leur délègue purement et simplement la charge de dire le droit, comme l'illustre la délégation aux branches de la responsabilité de définir les contreparties au pacte de responsabilité. Longtemps plébiscitée par les salariés, elle l'est désormais par le patronat qui y voit l'un des principaux instruments de la flexibilité. L'appel de Laurence Parisot, puis de Pierre Gattaz en faveur de la suppression de la durée légale du travail au profit d'une durée qui serait négociée au niveau des entreprises en constitue une parfaite illustration. Dans l'idéal, à suivre les propositions du Medef pour créer un million d'emplois, la loi fixerait un cadre général et renverrait l'essentiel de la réglementation des rapports de travail à la négociation collective.

Comment justifier ce retrait de l'État au profit de la négociation collective ?

Une première réponse vient immédiatement à l'esprit. Le droit cherche, en glissant du général au particulier, une meilleure adaptation de la règle à son contexte, avec cette idée que la règle de droit est plus pertinente lorsqu'elle est élaborée par ceux à qui elle va s'appliquer, ou par leurs représentants. Loin de la loi générale et permanente, l'objectif poursuivi est de permettre à chaque branche ou entreprise de définir ses propres règles. Pour défendre la loi du 20 août 2008 dans son volet temps de travail, qui accorde une primauté quasi absolue à l'accord d'entreprise,

Xavier Bertrand, alors ministre du Travail, affirmait devant l'Assemblée nationale que la loi nouvelle allait permettre « de déterminer, au plus près du niveau d'application des décisions, l'organisation du travail la plus adaptée au développement de l'entreprise comme aux attentes des salariés en matière de pouvoir d'achat et de gestion du temps de travail[29] ». Ces propos prolongent une littérature économique abondante qui dénonce les rigidités, et les effets délétères sur l'emploi et la croissance de l'intervention réglementaire[30].

Autre raison du recours accru à la négociation collective, les vertus du droit négocié par rapport au droit imposé. L'attraction des modèles allemand et scandinave, qui accordent au dialogue social un rôle central, illustre parfaitement le parti qui peut être tiré d'un dialogue social de qualité. Le droit est souvent – pas toujours cependant – mieux reçu par ceux à qui il s'applique lorsqu'il est négocié plutôt qu'imposé du sommet de l'État. Le phénomène de la « loi négociée », que le président Hollande avait annoncé au début de son quinquennat vouloir constitutionnaliser, s'inscrit clairement dans cette perspective ; depuis janvier 2007,

---

29. Débats Assemblée nationale, mardi 1er juillet 2008, première séance.

30. J. Barthélemy, G. Cette, *Refondation du droit social : concilier protection des travailleurs et efficacité économique*, Rapport au Conseil d'analyse économique, 2010 ; J.-P. Fitoussi, O. Passet, « Réformes structurelles et politiques macroéconomiques : les enseignements de "modèles" de pays », *in Réduction du chômage, les réussites en Europe*, Rapport du CAE, n° 23, La Documentation française, 2000.

tout projet gouvernemental de réforme en matière sociale doit être précédée d'une concertation avec les partenaires sociaux. Le droit négocié participe aussi d'une aspiration à davantage de démocratie dans l'entreprise. « Citoyens dans la cité, les travailleurs doivent l'être aussi dans l'entreprise », selon la belle formule du rapport Auroux[31].

Le phénomène ici envisagé est tout sauf uniforme, et n'appelle pas le même regard selon que priorité est donnée à la négociation de branche ou d'entreprise. La France est de ces pays qui ont traditionnellement privilégié la première, avec pour ambition de construire un droit des professions qui doterait chaque secteur d'activité de règles propres. Ce qui présentait l'intérêt d'égaliser les conditions sociales entre les entreprises évoluant sur un même secteur et de limiter l'emprise des valeurs du marché.

Après l'essor de la négociation de branche on assiste, en France comme en Espagne ou en Italie, à la montée en puissance de l'accord d'entreprise qui, d'une part prime désormais sur la convention de branche, même plus favorable, d'autre part est devenu l'un des principaux lieux d'élaboration du droit du travail. Les dernières réformes en faveur de la flexibilité, à commencer par le dispositif des accords de maintien de l'emploi et celui des accords de mobilité interne, reposent pour l'essentiel sur la conclusion d'accords d'entreprise. Quant à la faculté qu'a de plus

31. J. Auroux, *Les Droits des travailleurs*, Rapport au président de la République et au Premier ministre, La Documentation française, 1981.

en plus l'accord collectif de déroger à la loi, aussi bien en faveur qu'en défaveur des salariés, notamment en matière d'aménagement du temps de travail (annualisation de la durée du travail, conventions de forfait, mise en place du travail de nuit, etc.), elle passe aujourd'hui indifféremment par des accords d'entreprise ou de branche[32].

Cette évolution, dont il faut bien prendre la mesure, participe d'un mouvement plus général, qui dépasse les frontières du droit du travail (le développement des codes de bonne conduite en est une autre illustration), vers une autorégulation de l'entreprise. Qu'on y soit favorable ou non, elle appelle d'importants garde-fous. On ne peut laisser la régulation des rapports sociaux glisser du sommet de l'État jusqu'au niveau le plus décentralisé que constitue l'entreprise sans réexaminer la légitimité des acteurs (syndicats, dirigeants entre autres) et la façon dont les décisions sont prises à ce niveau. Ce réexamen est en marche, et il faut le poursuivre. La France a, depuis 2004, renforcé les conditions de la négociation collective, notamment au niveau de l'entreprise, en modifiant à la fois les conditions de la représentativité (ajout du critère de l'audience pour les syndicats de salariés, création d'une représentativité patronale) et les modalités de conclusion des accords collectifs (exigence majoritaire). Ne faut-il pas aller plus en avant ? Bien que le sujet soit loin de faire l'unanimité auprès des

32. E. Peskine, « La célébration de l'accord d'entreprise », *Dr. social*, 2014, p. 438.

syndicats français, la question d'une codétermination à la française, inspirée du modèle allemand, se pose de plus en plus, comme un autre correctif à la décentralisation de la production normative, pour reprendre un terme souvent utilisé pour exprimer ce glissement d'une réglementation étatique vers une autorégulation au niveau de l'entreprise. La loi de sécurisation de l'emploi (encore elle !) a fait un pas en ce sens, qui prévoit la participation de représentants des salariés, avec voix délibérative, aux conseils d'administration ou de surveillance des très grandes entreprises. Malgré les apparences, la proposition du Medef de fusionner l'ensemble des institutions représentatives des salariés (délégués syndicaux, délégués du personnel, comité d'entreprise, CHSCT) en un conseil d'entreprise n'est qu'une pâle copie du système allemand, dont elle est pourtant inspirée. Il n'est prévu aucun pouvoir de codécision contrairement à ce qui fait l'originalité du Betriebsrat.

L'un des risques d'un déplacement de la régulation juridique vers la négociation entreprise par entreprise est de voir de plus en plus d'entre elles rechercher dans la négociation d'accords d'entreprise un levier pour obtenir un avantage concurrentiel vis-à-vis des concurrents. Il est en effet possible, à l'exception notable des salaires minima et de quelques autres éléments, de concurrencer les entreprises de son propre secteur d'activité en réduisant, par accord d'entreprise, les avantages institués par la convention de branche, notamment en matière de temps de travail. Comment s'étonner de voir les compagnies aériennes *low cost* jouer sur le temps de vol du personnel navigant en fixant celui-ci à un niveau proche du plafond européen ? En recentrant la production normative sur le niveau de l'entreprise, on favorisera inévitablement ce type de politiques.

Sans bien sûr nier toute vertu à la négociation collective, il faut veiller à conserver une juste proportion entre droit imposé et droit négocié ; le rapport de force qui, très souvent, habite les négociations collectives, ne peut gouverner l'élaboration du droit du travail tout entier. De plus en plus, le législateur se met en retrait comme s'il ne se sentait plus apte, ou plus légitime, à définir ce qui est bien pour les individus, comme si le bien commun n'avait plus à être défini par l'État mais par les intéressés eux-mêmes, ou leurs représentants. On ne peut trouver meilleur exemple que celui du portage salarial que la loi du 25 juin 2008 relative à la modernisation du marché du travail s'est contentée de définir, déléguant tout le reste à la négociation collective. Le Conseil constitutionnel censure logiquement, après avoir rappelé que le législateur ne peut déléguer aux partenaires sociaux la charge de définir les principes fondamentaux du droit, en l'occurrence les conditions essentielles d'exercice d'une profession, qui relèvent de la compétence exclusive de la loi[33].

Le recul de l'État dans la régulation des rapports de travail rend-il inéluctable le déclin des valeurs civiques, contrepoids essentiel aux valeurs du marché ? La montée en puissance des droits fondamentaux, déjà évoquée,

33. Décision n° 2014-388QPC du 11 avril 2014.

prend ici tout son sens. Aucune norme, qu'elle émane du législateur, d'un accord collectif, du pouvoir unilatéral de l'employeur ou du contrat individuel de travail, n'a la capacité de brader les droits fondamentaux. Ces droits sont ceux qui restent une fois qu'on a renoncé à tous les autres. Combien de réformes, combien de clauses d'un contrat, de décisions patronales se sont heurtées et se heurteront à un ou plusieurs droits fondamentaux ? La libéralisation du licenciement, la réforme des seuils sociaux ou du repos dominical, la flexibilisation du temps de travail, la mobilité ou les nouvelles technologies sont toutes susceptibles de rencontrer sur leur chemin, à l'occasion d'un procès ou du passage d'une loi devant le Conseil constitutionnel, un ou plusieurs droits fondamentaux, que ce soient le droit à l'emploi, le droit au repos, le droit à la protection de la santé, le principe de participation ou encore le droit au respect de la vie personnelle.

Les valeurs de l'entreprise étant aujourd'hui, pour nombre d'entre elles, celles du marché, les valeurs civiques paraissent seules à même de défendre les règles sociales face aux lois du marché. Il n'est pas surprenant que la confrontation des droits sociaux fondamentaux et des libertés économiques soit devenue un classique de la jurisprudence constitutionnelle et du droit social européen[34], de même que l'intégration de clauses sociales dans les contrats

34. Voir les fameuses affaires Viking et Laval, Cour de justice de l'Union européenne, 18 décembre 2007, aff. C-438/05 et C-341/05.

commerciaux est aujourd'hui un sujet récurrent du droit du commerce international. Ce sont ces valeurs qui font que le travail n'est pas une simple « marchandise », qu'il n'est pas un bien qu'une entreprise peut se procurer ou céder moyennant paiement d'un prix[35].

Alors que prospèrent les formules de rémunération indexées sur les résultats du salarié ou sur des études de satisfaction des clients, il est important de réaffirmer que la valeur du travail, qui se mesure notamment à la rémunération perçue par le salarié, n'est pas que marchande. La rémunération du travail n'est ni un prix ni un dividende. Elle n'est pas qu'une somme d'argent perçue en échange d'une prestation ; elle répond aussi à des valeurs civiques, en tant que moyen principal de subsistance pour nombre de salariés. C'est cette dimension civique de la rémunération qui sous-tend le débat sur les « travailleurs pauvres », bénéficiaires du RSA, de même que la condamnation par le Comité européen des droits sociaux de plusieurs réformes intervenues en Grèce à la demande de la « troïka » (FMI, BCE et Commission européenne), notamment celle visant à fixer un salaire minimum inférieur au seuil de pauvreté pour les jeunes de moins de 25 ans[36].

Cette condamnation permet de rappeler que la rémunération du travail est, elle aussi, assise sur un socle de

35. A. Supiot, *L'Esprit de Philadelphie*, Seuil, 2010.

36. Décisions du 23 mai 2012 sur les Réclamations collectives n° 65/2011 et n° 66/2011.

droits fondamentaux. Il n'y a pas que le principe d'égalité, que le droit français traduit sous la belle formule « à travail égal, salaire égal ». Si deux personnes sont payées un salaire misérable, mais identique, ce principe aura été respecté. Un principe de « juste » rémunération ou de rémunération « équitable » est reconnu aussi bien par la Déclaration universelle des droits de l'homme de 1948 que par la Charte sociale européenne ou l'OIT à travers son agenda sur le travail décent, et mériterait sans doute davantage d'attention.

LE DÉFI DE LA RSE

Si l'État, en crise, ne peut plus être le seul garant des valeurs civiques[37], sur qui d'autre peut-on compter ? Pour les partisans de la responsabilité sociale de l'entreprise (RSE), il faut se tourner vers l'entreprise, plus apte que l'État, dans un certain nombre de pays, à assurer la promotion des valeurs civiques, en particulier l'effectivité des droits fondamentaux.

On imagine aisément que le risque de voir les entreprises multinationales ne pas renouveler leurs contrats commerciaux avec les entreprises locales pèsera davantage que les pétitions de principe de tel ministre sur le respect des droits sociaux fondamentaux. Nul doute que la

37. P. Rosanvallon, *La Nouvelle Question sociale. Repenser l'État providence*, Seuil, « Essais », 1995.

menace des États-Unis de revoir les modalités des échanges commerciaux, notamment les droits de douane, avec le Bangladesh a pesé dans la réforme en cours du Code du travail.

La RSE n'offrira un modèle concurrent à la logique marchande, et permettra à l'entreprise de s'affirmer à nouveau comme une alternative au marché, que si elle s'appuie sur un équipement juridique solide. Elle ne doit pas servir seulement à donner bonne conscience aux entreprises. L'adoption de la norme ISO 26000, dépourvue de tout mécanisme de certification, le développement du *reporting*, la création d'une plateforme RSE et la multiplication des chartes d'éthique ne sont assurément pas suffisants. L'efficacité juridique de ces instruments est modeste, même si la directive sur les informations extrafinancières pourrait favoriser le glissement, au niveau européen, d'une logique incitative à une logique impérative. Il est bien évident que ni les principes directeurs de l'OCDE ni le Global Compact de l'ONU ne suffiront à empêcher que des drames comme ceux du Rana Plaza ou de l'usine Tazreen au Bangladesh se reproduisent, de même qu'ils ne suffiront pas à mettre un terme au système indien du Sumangali, qui exploite les jeunes filles au travail[38]. Fondés sur une logique volontariste, ces instruments n'obligent que les entreprises ou pays adhérents. Les alternatives sont aujourd'hui connues.

38. Voir le rapport « Captured by cotton », SOMO & ICN, 5 mai 2011.

Les clauses sociales dans les contrats commerciaux tout d'abord tendent à se généraliser dans les marchés publics et se développent dans les marchés privés à l'international. Une clause spécifique du contrat subordonne l'obtention d'un avantage (commercial, douanier) au respect de droits sociaux, souvent issus des conventions de l'OIT (salaire minimum, règles d'hygiène et de sécurité, etc.). La négociation collective transnationale ensuite. Traditionnellement handicapée par la faiblesse du syndicalisme mondial, elle trouve un terrain plus favorable depuis l'émergence de confédérations syndicales mondiales. Ainsi, IndustriALL et UNI Global Union qui revendiquent à eux deux 70 millions de travailleurs dans plus de 140 pays sont à l'origine de l'accord très remarqué du 8 juillet 2013 sur les conditions de travail au Bangladesh, signé par des enseignes comme Marks & Spencer, C&A, H&M, Benetton ou Zara. Cet accord prévoit la mise en place d'un comité de pilotage, composé de syndicats, des entreprises signataires et d'un représentant de l'OIT, la nomination d'une inspection indépendante et, sur le fond, l'obligation pour les entreprises de sous-traitance de se mettre en conformité avec les normes de sécurité.

Si son équipement juridique s'enrichit, la RSE sera-t-elle suffisante pour limiter les dérives du capitalisme moderne ? Même si l'accord de juillet 2013 constitue un progrès certain par rapport aux accords-cadres conclus par le passé, du fait notamment de l'adoption d'un mécanisme de contrôle, le volontarisme généralement associé à la RSE ne peut suffire.

On peut certes espérer que les pressions économiques qu'une multinationale fait peser sur les entreprises d'un pays contraindront le gouvernement local à améliorer les règles sociales. Cela ne remplacera cependant pas l'adoption de normes internationales contraignantes et, en particulier, un renforcement du poids juridique des normes de l'OIT[39]. Ensuite, il est loin d'être accepté par tous qu'une démarche RSE soit économiquement pertinente pour l'entreprise ! Il ne faudrait donc pas que, sous prétexte que certaines entreprises s'engagent dans des politiques vertueuses de RSE, ou y voient un intérêt économique, le droit du travail apparaisse inutile, tout au plus subsidiaire.

Même si celle-ci est très en vogue aujourd'hui, l'avenir du droit du travail ne se résume assurément pas dans le développement de la responsabilité sociale des entreprises.

---

39. M.-A. Moreau, « Travail forcé, RSE et sous-traitance dans l'industrie textile en Asie : réflexion sur l'action de l'OIT », *Dr. social*, 2014, p. 413 ; du même auteur, *Normes sociales, droit du travail et mondialisation : confrontations et mutations*, Dalloz, 2006.

Conclusion

Quel avenir pour le droit du travail dans un monde qui fait les yeux doux au marché ? Est-il voué à panser les plaies du capitalisme moderne, à indemniser les dizaines de milliers de salariés dont l'emploi est supprimé à la suite de la délocalisation de leur entreprise, les victimes de dépressions chroniques causées par la mise en place d'une organisation du travail anxiogène ? Autant dire à prendre acte, sans les contredire, d'évolutions qui font que la santé financière de groupements est plus importante que le bien-être des personnes physiques qui travaillent à les faire prospérer !

Le droit du travail n'est pas qu'un dispositif de réparation des dommages causés par l'entreprise ou le marché. Dommages qui, *in fine*, sont à la charge de la collectivité. Sur qui repose l'indemnisation des victimes de l'amiante sachant que le fonds d'indemnisation (FIVA) est financé par une dotation annuelle de l'État et de la branche accidents du travail et maladies professionnelles de la Sécurité sociale ? Sur qui pèsent les accidents du travail et maladies professionnelles imputables au stress au travail ou les licenciements consécutifs à la liquidation de la filiale sacrifiée par sa société mère qui envoie ainsi des cohortes de salariés à Pôle emploi ? Dans une société où les risques sont socialisés, l'appel à la collectivité n'est pas choquant en soi. Ce qui l'est, c'est que la collectivité supporte les conséquences d'une activité économique qui, trop souvent, n'a que faire de ses effets sur la personne humaine, que ce soient du reste ses effets sociaux ou environnementaux.

Il en va de la responsabilité du juriste de rappeler les limites à ne pas franchir, les principes à respecter pour que le capitalisme soit acceptable, à défaut d'être équitable. L'est-il lorsqu'il autorise la révocation *ad nutum* d'un dirigeant parce qu'il n'a pas atteint les taux de rentabilité de 20 % demandés par les actionnaires, ou laisse prospérer la technique du LBO, qui met les nouveaux actionnaires dans l'obligation de remonter suffisamment de flux financiers pour rembourser la dette d'acquisition, avec une pression constante sur les salaires et sur la productivité du travail ?

Le droit du travail joue un rôle fondamental – l'adjectif n'est pas usurpé – pour remettre la personne au centre des débats et réconcilier progrès économique et progrès social, dans l'intérêt de tous. Celui des salariés mais aussi celui de l'ensemble des parties prenantes (fournisseurs, dirigeants, actionnaires, consommateurs…) qui, sur le long terme, n'ont rien à gagner à ce que la valeur du travail soit si dégradée que celui-ci redevienne pour nombre de salariés une source de souffrance. Ce qu'il était avant que la condition du travailleur ne s'améliore, grâce notamment aux apports du droit du travail.

DANS LA MÊME COLLECTION

Paul Cassia, *Conflits d'intérêts. Les liaisons dangereuses de la République.*
Martin Collet, *L'Impôt confisqué.*
Étienne Pataut, *La Nationalité en déclin.*

Composition et mise en pages
chez NORD COMPO (Villeneuve-d'Ascq)

Achevé d'imprimer en janvier 2015 sur rotative numérique Prosper
par Soregraph à Nanterre (Hauts-de-Seine).

Dépôt légal : février 2015
N° d'édition : 7381-3222-X
N° d'impression : 14207

L'imprimerie Soregraph est titulaire de la marque Imprim'vert® depuis 2004.
Ce livre est imprimé sur papiers issus de forêts gérées durablement.

Imprimé en France